한국인의 고유신앙
영등·수목·칠성

비나이다 비나이다 **한국인의 고유신앙 : 영등·수목·칠성**

김준호┃글 ● 손심심┃그림

學而思┃학이사

남의 눈에 꽃이 되고 잎이 되기 발원이요

첫 새벽 장닭이 길게 목청을 올리면, 오래된 습관처럼 수세를 하신 할머니는 머리를 고쳐 빗고 소반에 정화수 한 중발을 담아 장독에 올리고 치성을 드렸다.

외할머니도 그랬고 어머니도 그랬다. 내 주위 여인들의 든든한 지킴이가 되었던 그들은 누구일까? 이 숙제를 안고, 흔하게 만나면서도 속을 보이지 않는 그들의 실체를 치열하게 쫓았다.

인간은 고대부터 생물학적으로 나약하고 유한한 존재였다. 그래서 인간은 일상생활 전체를 둘러싼 외부 환경과의 상호작용에서 위안과 위협의 과정을 통하여 특별한 존재의 얼굴을 보았다. 이런 영속적이고 무한한 존재를 의인화하고, 이야기를 만들어 그것을 신이라고 불렀다.

神신 자가 번개 치는 모습에서 유래했듯이, 고대 초기 신앙은 일종의 신비하거나, 거대하거나, 두렵거나 한 존재를 숭배의 대상으로 삼는 것이 일반적이었다.

종교religious는 신앙이 구체적 조직으로 발전된 형태로, 신과 강력하게 계약하여 경전과 신전 등의 상징물을 갖추고 있다. 권력과 의탁하여 율법이 제도적이고 엄격하다.

반면 신앙faith은 신과의 친밀한 신뢰에서 발생하며, 그 영험과 내력이 구전으로 전해진다. 막연하긴 하지만 증거물이 확실하다. 그리고 민중들 틈에서 자라나서 그 이야기가 개인적이고 풍부하다.

이러한 고유신앙은 고대에서 현대로 이어지면서 고등종교가 생성되고, 인간이 지능화되고 합리적으로 변화함에 따라 잊힌 것도 있지만, 일부는 지금도 그 끈질긴 생명을 유지하고 있다. 그리고 세월을 통해 인식된 믿음을 기반으로 사회 전반에 큰 영향을 끼쳤다.

이 책은 종교 이전에 생활 속에 깊숙이 뿌리내려 지금도 우리네 삶 속에서 행해지는 영등 신앙, 수목 신앙, 칠성 신앙 등 고유신앙의 사회문화적인 진화 과정과 전파 경로, 다원적 변화에 대하여 구체적인 고증을 바탕으로 그 엉킨 실마리를 풀어 보고자 하였다.

힘겹고 무거운 글을 우수콘텐츠로 선정, 지원해 주신 대구출판산업지원센터와 언제나 고마운 도서출판 학이사 식구들, 늘 응원해 주시고 도와주신 분들 모두 "남의 눈에 꽃이 되고 잎이 되기 발원이요."라고 영등, 수목, 칠성님께 빌어 볼 판이다.

2023년
김준호 손심심

머리글_ 남의 눈에 꽃이 되고 잎이 되기 발원이요

1부 영등 신앙

2부 수목 신앙

3부 칠성 신앙

1
영등 신앙

영등할미는 제주도와 남해안, 동해안 어민들이나 농민들이 음력 2월에 모시는 바람과 비를 관장하는 신격으로 인간이 실제로 신의 위력을 몸으로 느낄 수 있는 가장 강력하고 절대적이고 두려운 여신이었다.

특히 해안가 지역은 음력 2월을 영등달이라 칭하며 음력 2월 보름까지 배를 바다에 띄우지 않았고, 농사일도 멈췄다. 집안 잡일도 금하고 매우 근신하며 조심스럽게 보냈다.

한국의 신할미와 영등할미

우리 신화 속에는 남신男神 못지않게 수많은 여신이 등장했다. 동아시아 창조 신화에는 마고麻姑라는 최고의 여신이 존재했다. 우리 민족은 마고라고 했고, 중원, 만주족들도 마고 또는 서왕모西王母라고 했고, 일본에서는 아마테라스 오미카미天照大神라고 칭했다.

예부터 우리 창세신화 할미 신의 원형은 마고할미였다. 우리 신화와 전설이나 무속의 본풀이에 등장하는 마고는 삼베 구만 필로 옷을 지어 입고 다니는 거인으로, 눈처럼 하얀 피부에 전형적인 억센 우리 아낙의 모습을 하고 있었다. 그런데 주로 할미라는 칭호를 붙여 마고할미라고 불렀다. 여기에 쓰이는 할미는 나이가 든 여성이라는 의미보다는 '한+어머니'로 '높다, 크다, 지도자'의 의미가 강했다.

마고의 [마는 '왕, 고귀한 자, 큰 여성'이라는 뜻이다. 신라 초기에는 왕을 마립간麻立干이라고도 불렀고, 마마, 마님, 마누라,

할매, 아주머니, 엄마 등에도 그 흔적이 있다. 지역에 따라 갱구 할멈, 안가닥할미, 노고할미, 개양할미, 마고 선녀, 서구할미, 설 문대할망 등 다양한 이름으로 불렸다.

위대한 할미신 마고는 치마폭에 흙을 날라 제주도, 한라산, 지 리산, 조령산, 노고단, 수락산, 쌍봉산, 장산, 월여산 등과 같은 산이나 섬을 만들었다. 오줌으로 강을 만들었고, 치마폭에 나른 돌로 문경 고모산성, 양주 마고성, 충주 마고산성, 양산 마고산 성, 거제 마고 들고랑 같은 산성을 쌓기도 했다. 전국 곳곳에 지 리산 마고할미 공깃돌, 화순 마고할미 폭포, 여주 마고할미 지팡 이, 단양 석문 등과 같은 지형지물을 창조한 참 부지런한 여신이 었다.

특히 제주의 설문대할망은 제주도 탄생 신화의 주역으로 제주 도 전역에 그 흔적이 나타난다. 『탐라지眈羅志, 1653』에 의하면, 설 문대할망은 서쪽에서 온 여신으로 치마에 흙을 가져와 제주도를 만들었고, 그 위에 흙을 일곱 번 쌓아 올려 한라산을 만들었다고 한다. 그리고 그 일을 하다가 흘린 흙이 오름이 되었다고 한다. 한마디로 설문대할망은 제주도를 창조한 여신이었다.

조선조에 들어서서 성리학을 국시로 삼으며 남성인 할아버지 가 조상에 대한 제사를 주관하면서부터 할머니보다 우위를 차지 하였다. 할머니는 주로 가족을 대표하고 구성원의 생계와 위엄과 권위를 지키는 대외적인 일을 담당하였다.

그렇다고 할머니의 존재감이 무너진 것은 아니었다. 실제로 할머니의 존재는 특히 손주들에게는 절대 안정적인 존재, 무한 사랑의 존재, 무조건 내 편인 존재였다. 할머니는 가족의 제사, 고사, 탄생, 탁아, 교육, 치료와 손님 접대, 곳간 관리, 불씨 관리, 음식 만들기, 장 담그기, 김치 담그기, 술 담그기와 길쌈, 옷 짓기, 이부자리 짓기 등 의식주와 가정 화목의 중심에서 모든 일을 주관하였다.

그래서 할머니가 기거하는 안방을 큰방 또는 옥당玉堂, 정침正寢이라 하여 모든 가업의 중심으로 삼아 그 건재함을 과시했다. 그래서 할아버지가 유교적 조상신을 모시는 제관이라 치면 할머니는 집안의 가택신에 대한 고사 의식을 주최했던 사람이요, 정격신과 소통하는 제관이었다.

새롭게 등장한 유교적 조상신의 제관인 할아버지와 전통적인 가택신의 제관인 할머니와의 이러한 묘한 대립적 구조는 조선 후기에 본격적으로 생성된 탈춤의 '할미 과장'에 잘 드러나 있다.

> 婆老尙盛氣 늙은 여인의 성깔이 상당하다
> 碎首恣猜妬 머리를 부수고 시기와 샘을 마음대로 내니
> 鬪鬩未移時 싸움할 때가 아니구나
> 氣窒永不窹 숨이 막혀 죽고 말았으니
> 神巫擺叢鈴 무당이 방울을 흔들어 굿을 벌인다
> 如泣復如訴 울며 돌아오라고 호소하는 것같이
> 翩然鐵拐仙 신칼을 후려 춤을 추는구나
>
> – 강이천姜彝天, 1768~1801/「남성관희자南城觀戲子」 중에서

강이천이 14세인 정조 2년(1778)에 숭례문 밖에서 산대놀이의 '미얄할미 과장'을 하는 것을 보고 적은 글인데, 오늘날 연희하는 내용과 크게 다르지 않다.

일반적으로 해서 지역과 중부 지역의 탈놀음에서는 하는 짓이 짓궂고 얄궂은 행동을 한다고 '미얄할미 과장', '미얄 과장'이라 하고, 영남 지역의 야류, 오광대 계통이나 하회별신굿탈놀이 등에서는 '할미, 할멈, 큰어매' 등으로 불린다.

주로 우스꽝스러운 엉덩이춤을 추면서 엄격한 성리학적 남성적 유교 권위와 맞서 좌중을 웃기는 해학적인 역할로 등장한다. 반면에 상대역인 영감은 생계유지를 위한 아무런 경제활동도 하지 않고, 무위도식하며, 가족을 등한시하고, 팔도유람이나 다니며, 거기다 축첩까지 하는 무능력한 양반의 전형적인 인물로 묘사된다.

할미 과장은 '할미와 영감의 이별, 할미와 영감의 만남, 제대각시와의 갈등, 영감에 의한 할미의 죽음, 상여'의 단순한 구조로 가정불화나 가족의 분열, 가정의 해체과정을 다루고 있다. 하지만 그 속에 담겨 있는 메시지는 허위 허식에 가득 찬 양반들의 유교적 통치체제에 대한 할미의 강력한 저항이다.

봉산탈춤, 강령탈춤, 통영오광대 탈놀음에서는 할미가 손에 무당부채와 방울과 오방기를 들고 있어, 할미가 창조신 마고 할미의 상징임을 암시하고 있다.

가정에서 할머니가 섬기는 여성 가신은 여럿이 있었다.

먼저 집안 구성원의 탄생을 주관하는 삼신三神할미가 있었다. 이 신격은 아이의 임신, 출산, 건강을 지켜주는 산신産神과 아이들의 수호 신격이었다.

주로 안방에 모셔져 있고, 가족 구성원이 탄생하거나 생일 때마다 짚 위에 삼신상을 차려 놓고 태가위, 실타래, 미역국, 정화수 등을 차려 놓고 섬겼다.

다음으로 부엌을 관장하는 조왕竈王할미도 강력한 노고老姑할미 신격이었다. 부엌은 불을 다루어 음식을 만들어 가족의 건강과 가정의 보온을 책임지는 중요한 곳이었다.

그래서 가택신 중에서 유일하게 왕王이 붙는 신격으로 부뚜막에 작은 종지에 담긴 정화수를 신체로 했다. 제를 지낼 때나 길흉사 때에 가장 먼저 음식을 부뚜막에 차려 우대했다.

다음으로 마을에 입향할 때 제일 먼저 들어온 조상의 성씨를 가지고 있는 골맥이 할매가 있었다. '골맥이'는 '골+막이'로 주로 마을 입구에서 골맥이 할배와 함께 재앙과 액을 막아 주는 수호신이었다. 강원도, 경북, 경남 등지에서 마을 입구의 당산나무나 당탑, 당집에 모셨다.

그다음은 계절 신격인 영등할미가 있었다. 영등할미는 제주도와 남해안, 동해안 어민들이나 농민들이 음력 2월에 모시는 바람과 비를 관장하는 신격으로 인간이 실제로 신의 위력을 몸으로 느낄 수 있는 가장 강력하고 절대적이고 두려운 여신이었다.

영등영등 할마시야 봄나물을 캐러왔소
많이도 하지말고 적기도 하지말고
한바구리만 불아주소 영등영등 할마시야
 - 경남 거제

특히 해안가 지역은 음력 2월을 영등달이라 칭하며 음력 2월 보름까지 배를 바다에 띄우지 않았고, 농사일도 멈췄다. 집안 잡일도 금하고 매우 근신하며 조심스럽게 보냈다. 만약 이를 어기고 부정한 일을 하면 바람과 비로 재앙을 내리는 경외의 여신이었다. 오늘날에도 음력 2월에 혼인하지 않고, 이사를 하지 않는 풍습이 여기에서 왔을 정도로 금기가 세었다.

갯가 지역은 바다라는 거대하고 비밀스러운 자연을 개척하며 사는 지역이라, 물리적인 문명의 가르침보다는 자연의 순리에 따른 가르침을 더 받드는 독특한 해양 문화가 있었다.

80년대만 하더라도 음력 2월 초에서 보름까지 갯가 동네는 집집이 저마다의 고사상을 차려두고 대문에 금대를 가로질러 세우고, 서로 왕래도 삼가며 묘한 긴장 속에서 바람신 영등할미를 모셨다.

영등할미는 누구인가?

한반도는 중위도에 걸쳐있어 겨울에서 봄으로 접어들면 시베리아 북풍이 물러나고 중국 내륙에서 불어오는 남서풍이 유입되면서, 해마다 정기적으로 두 기단의 충돌로 강력한 돌풍과 비가 일어났다.

이 계절풍은 음력 2월 1일에 땅에 내려왔다가 대략 2월 보름에 하늘로 올라가는데, 지역에 따라 20일에 올라가기도 했다. 이 바람은 보름에서 스무 날 동안 한반도에 머물렀지만 그 위력이 대단해서 육지에는 농신農神으로 보았고, 해상에는 풍신風神으로 여기며 그 자리매김이 뚜렷하였다.

이 풍신의 이름을 일반적으로 영등할미라고 불렀다. 특히 영등신이 내려오는 음력 2월 1일을 영등할머니 날, 2월 밥해 먹는 날, 2월 바람하는 날, 풍신날이라고 따로 불렀다. 그리고 마치 살아있는 할머니를 뵙듯이 깍듯한 존댓말로 "영등할미가 내려오신다.", "영등 모신다.", "영두한다.", "바람 올린다.", "영등할미 들어오신다."라고 하며 행여 탈이라도 생길까 봐 모든 정성을 다했다.

영등신이 드는 음력 2월은 실제로 햇볕이 나오다가도 비와 돌풍이 심해 일기가 불순하고 바다도 물때의 차이가 크고 사나웠다. 그리고 '영등'이란 단어가 음력 2월의 여러 기상 현상을 나타내는 고유명사로도 쓰였다.

영등제 동안 기상 징조를 보고 바람이 많이 불면 "바람 영등 내린다.", 비가 많이 오면 "물 영등 내린다."라고 하며 그해 농사가 잘된다고 여겼고, 햇볕이 강하면 "불 영등 내린다."라고 하며 가뭄을 걱정했다.

특히 전국적으로 이 기간을 시어머니와 딸과 며느리의 묘한 삼각관계에 대비시켜 바람이 많이 불면 "영등할미가 딸을 데리고 내려온다."라고 하였고, 비가 유난히 오면 "영등할미가 며느리를 데리고 온다."라고 말하였다.

그것은 딸을 데리고 올 때는 바람을 살랑거리게 일으켜 딸의 치마가 예쁘게 보이도록 하는 것이라고 여겼고, 며느리를 데리고 올 때는 밉게 보이라고 비를 내린다고 생각했기 때문이었다.

서부 경남 지역에는 영등할미를 세 자매로 모셨다. 10일에 하늘을 오르는 비바람을 '상등할미, 상칭, 큰할매, 큰손'이라 하였고, 15일에 승천하는 비바람은 '이등할미, 중칭, 중간할매, 중간손'이라 하였고, 20일에 오르는 마지막 비바람을 '하등할미, 하칭, 셋째할매, 막손'이라 하며 구분하였다.

육지에서는 영등할미를 정성껏 잘 모셔야 그해에 비바람이 순조롭게 와서 농작물이 잘되고, 집안의 안과태평을 가져온다고 믿었다. 그래서 각 가정에서는 대문 앞에 황토를 뿌리고 금대를 걸쳐 잡인의 출입을 금했다. 정지나 고방, 또는 뒤뜰에는 작은 제단을 마련하여 솔가지에 영등할미를 상징하는 오색천을 달고 떡과 음식을 마련하여 보름 동안 영등할미께 비손하며 영등 고사를 지냈다.

해안가 지역은 육지보다 비바람에 민감한 지역이고, 해산물 채취에 생계가 달린 문제라 영등할미를 더욱 각별하게 잘 섬겼다. 특히 '영등사리'라 하여 바닷물이 일 년 중 가장 급격하게 빠져나가, 육지가 이웃 섬과 연결되는 신비한 현상이 벌어지기도 하여 그 경외심은 극에 달했다.

영등할미는 누구이고 어디에서 왔을까? 이 의문의 해답은 신들의 고향 제주도에 있었다. "사공은 사자 밥 지고 칠성판에 오른 목숨이다."라는 말이 있듯이 뱃일에 목숨을 걸고 다니는 섬지역은 전 세계 어느 지역이나 풍신에 대한 신앙이 절대적일 수밖에 없었다.

제주도는 해양 문화의 특성상 "절 오백, 당 오백"이라는 말이 있을 만큼 신들의 천국이었다. 영등할미 또한 제주도의 각별한 신으로 마을 단위로 보름 동안 영등굿을 따로 벌일 정도로 각별하게 모셨다. 음력 2월 초하루는 제주 전역에서 맞이굿을 하고, 15일에는 송별하는 배송굿을 하는데, 그 규모는 육지 어느 곳도

따라잡지 못할 정도로 상당했다.

제주의 영등할망은 단순하게 비바람만 몰고 오는 신이 아니라, 예부터 좀녀潛女 또는 잠수潛嫂라 불리는 해녀들의 수호신으로 보말, 미역, 소라, 전복 등의 씨를 가져다주고, 어부들의 어선을 보호해주는, 하는 역할이 뚜렷한 해양 신격이었다.

제주 신화에서 영등할망은 남서쪽에서 따뜻한 바람과 비를 몰고 오는 까닭에, 본거지가 남서쪽에 있는 신들이 사는 전설의 섬 '외눈박이 섬'이나 '강남 천자국'이라 전해져오고, 보름 동안만 머물고 가는 손님신으로 생각했다.

그러나 그 위력이 대단하여 2월 할매, 2월 손님, 영등신, 영동할매, 영동할마시, 영동 바람, 영두할마이, 영동 마고할마니, 영등할망, 풍신, 풍신할만네, 바람할매, 바람제석, 손 등과 같이 '2월, 영등, 할미, 바람'이라는 단어가 붙는 이름만 해도 10여 종이 넘을 정도였다.

제주의 영등할망은 '들어온다, 나간다'라는 표현을 쓰며 비바람이나 눈바람이 심하면 두꺼운 옷을 자랑하러 온다고 "부자 영등이 들어온다."라고 하였고, "우장 쓴 영등이 왔다.", "할망이 며느리를 데리고 왔다."라고도 했다. 반면 날씨가 따뜻하면

"거지 영등이 들어온다.", "옷 벗은 영등할망이 왔다.", "할망이 딸을 데리고 왔다."라고 하였다. 영등굿의 규모에 따라 다른 지역에는 없는 영등하르방, 영등호장, 영등우장, 영등별감, 영등좌수 등의 여러 수장을 데리고 방문하기도 하였다.

제주는 영등신의 고향답게 외방신에서 토착신으로 변하는 등, 시대의 흐름에 따라 육지와는 사뭇 다른 독자적이고 다양한 신격의 모습으로 위세가 확대되었다.

이어도의 전설

　동서양을 막론하고 기상의 신들은 두 얼굴을 하고 있었다. 비바람을 보내어 비옥한 땅을 적셔 풍농을 가져다주기도 하지만, 때로는 무시무시한 폭풍우로 땅을 황폐화해서 인간들에게 고통을 주는 양면성을 지니고 있었다.

　서양 문화에서 날씨를 관장하는 제우스나 토르는 인간에게 공포를 심어주는 두려운 존재로, 막대한 권능을 보여줘 무서운 느낌이 들게 하는 신격이었다. 하지만 우리네 영등할미는 비바람, 변덕과 질투로 심술을 부리지만, 잘 구슬리고 달래고 추켜세워주면 인간들에게 풍농과 풍어를 안겨주는 인간적인 신격이었다.

　영등할미는 과연 어디에서 온 신일까?

　제주도 신화 속에는 고통과 배고픔이 없는 샹그릴라 '이어도'라는 환상의 섬이 있었다. 이어도는 아래 아 발음이 살아있는 제주에서는 이여도, 이아도, 엿도, 여섬, 여인국으로 불리는 전설의 섬이었다. 역사적으로 김상헌은 『남사록南槎錄, 1669』에서 요여도

濡女島라 하였고, 이형상의 『남환박물南宦博物, 1704』에는 유여도 春島라 하였다.

19세기 후반에 들어 이어도의 윤곽은 더욱 명확해져서 『여지 전도興地全圖』라는 지도에는 이어도가 山 자 모양으로 뚜렷하게 그려져 있다. 비슷한 시기에 제주도로 유배하러 갔던 이용호가 제주의 역사를 쓴 시문집 『청용만고聽春漫稿』에서는 이여도離汝島 라는 명칭을 문헌상 최초로 썼다. 그 후 1923년 일제강점기의 강 봉옥은 《개벽開闢》에 이허도離虛島라는 명칭을 쓰고 있다.

이어도는 수천 년 동안 수탈과 기근과 태풍과 싸워온 고달픈 제주 사람들에게 대대로 이어지며, 죽어서라도 가고 싶은 환상의 무릉도원이요, 이상향의 유토피아 낙원이었다. 그 섬은 연꽃 향 이 은은하고 여인들만 사는 환상의 섬, 일하지 않아도 먹을 것 입 을 것 걱정 없이 사는 섬으로 전해졌다.

제주 여인들은 바닷일을 나가 불귀의 객이 된 남편이 사는 곳 이 이어도라고 믿고, 그 시름을 달래주고 위안으로 삼았다. 이어 도는 자신들도 훗날 죽어서 그 섬으로 따라간다는 먹먹한 여인네 들의 애환을 가진 곳이었다.

그래서 제주의 신화와 전설과 노래 속에 이어도는 빠지지 않고 등장하는 제주문화의 원형질이었다. '이어도 사나'는 좀녀가 노 젓는 소리로 제주 여인들이 바다로 나갈 때나 들어올 때 노를 저 으며 부르는 노래이다. 남편이 고기잡이 갔다가 난파되어 돌아오 지 않아 이어도로 간 남편을 그리는 마음에서 부르는 노래라 전체가 애처로운 곡조이다.

제주에는 예부터 바닷속에 잠수해서 들어가 해삼, 전복, 미역 따위를 따는 것을 직업으로 하는 사람들이 있었다. 여성을 좀녀 潛女라고 하였고 남성을 포작인浦作人이라 하였다.

좀녀 중에서 제일 물질을 잘하는 이를 '상군'이라 하였고, 그 다음을 '중군', 갓 물질을 배우는 해녀를 '하군'이라 했다. 좀녀 들은 대개 여럿이 무리를 지어 배를 저어 바다로 나가는데, 이때 노 젓는 일은 경험이 많은 상군 두 명이 맡고 소리도 메긴다.

나머지 해녀들이 소리를 받는데, 걸고 넘어가는 가창 방식이 매우 복잡하고 토속적이며 독특하다. 언제부터 불렀는지는 알 수 없지만, 오직 제주에만 있는 노래이며 밭일을 하면서도 부르고, 남정네들도 뱃일을 하며 부르기도 하였다. 내용은 신세타령, 소라나 전복을 많이 따고 싶은 마음 등이 있는데, 낙원 이어도에 대한 그리움이 빠지지 않았다.

이물에랑 이사공아 고물에는 고사공아 물때나 점점 늦어나 진다
이여도 사나 잇
(배 앞머리의 사공아 배 뒷머리의 사공아 물때가 점점 늦어진다)

요네 상착 부러나지면 할룬산에 곧은 목이 없을소냐
이여도 사나 이여도 사나
(요네 노가 부러지면 한라산에 곧은 나무가 없을쏘냐)

저라 저라 저라 배겨라 쿵쿵 지어라

물로나 뱅뱅 돌아진 섬에 우리 잠수덜 저 바당에 들어가서 물질
허며
한 푼 두 푼 벌어논 금전 사랑허는 낭군님 용돈에 다 들어간다
이여도 사나 이여도 사나
(물로 방이 둘러진 섬에 우리 해녀들 바다에 물질을 하여 한두 푼
벌어 놓은 돈은 사랑하는 낭군님 용돈으로 다 들어간다)

앞이 몰근 서낭님아 물건 좋은 여끗딜로 득달허게 해여나 줍써
이여도 사나 이여도 사나 힛
(앞이 맑은 서낭님이 물건 좋은 여의 끝으로 인도하시어 많이 잡
게 해주소서)

이엿말 하면 나 눈물 난다 이엿말은 말앙은 가라
강남을 가건 해남을 보라 이어도가 반이엥 한다
이여도 사나 이여도 사나
(이어도는 말만 해도 눈물이 난다 하지를 말아라 강남 가는 해남
길로 보면 이어도가 절반이더라)
　－〈좀녀 노 젓는 소리〉

이어도는 제주도 사람들이 그토록 갈망했지만, 실체가 없어 상
상과 전설의 섬으로만 여겨졌다. 그런데 놀랍게도 전설로만 알았
던 이어도의 실체가 1951년 발견되었다. 그동안 제주의 신화와
설화, 방아 노래, 해녀 노래와 같은 사설 속에서만 등장했던, "중
국 강남과 탐라 사이에 있다더라."라는 소문만 무성했던 바로 그

위치와 무관하지 않았다.

세계 해도에는 1910년 이어도를 발견해서 암초라고 등록한 영국 상선 소코트라호의 이름을 따서 Socotra Rock이라고 불렀다. 우리 대륙붕의 일부로 마라도에서 남서쪽 149km, 중국의 서산다오에서 287km, 일본 도리시마에서 276km 떨어진 거리의 해상에 있었다. 암초 섬으로 제주인들에게 일찍이 파랑도로 불리는 곳이었다. 서울서 대전 거리의 해저 제7광구에 있는 4.6m 수중 암초라서 파고에 따라 보였다 안 보였다 하는, 동서 약 1.4km, 남북 약 1.8km의 작은 암초 섬이었다.

1951년 배일排日을 정책으로 삼았던 이승만 정부는 전쟁 중에도 불구하고, 당시 일본에 맞서 국토규명사업을 벌이면서 이어도 탐사를 시작하여 그 실체를 파악하였다. 당시 정부 탐사팀은 '대한민국 영토 이어도' 라는 동판 표지를 설치하였고, 이어 이승만 정부는 전쟁 기간인 1952년 1월 국무원 고시 제14호로 인접 해양에 대한 주권을 선언하여 이어도가 대한민국 영토임을 확인했다.

1984년에는 'KBS-제주대 파랑도 탐사반' 이 이어도에 대한 대대적인 정밀 해양탐사 작업을 시행하여 전 국민적인 관심을 끌었다. 그 후 1987년 해운항만청에서 이어도 등 부표를 설치하였고 이를 국제적으로 공표했다. 1999년 제주도청이 이어도에 '제주인의 이상향理想鄉 이어도는 제주 땅' 이라는 수중 표석을 세웠고, 2003년에는 드디어 해양과학기지를 건설하였다. 수천 년의 전설이 실존이 되는 순간이었다.

이어도사나 이여도사나
넬젓엉   어딜가리이
진도바당   한골로가세
한착손엔   테왁 심고
한착손엔   빗창 심어
한질두질   들어간보난
저성도가   분명허다
쳐라쳐라   이어도사나
한목지엉   어서나가자

섬은 본래 물이 차기 전에는 항시 가장 높은 산꼭대기의 모습을 하는 것이 자연의 법칙이었다. 과연 고대 신화시대의 암초 섬 이어도의 모습은 어떠했을까. 이어도는 어떤 비밀을 간직하고 있었길래 제주 사람들이 죽어서라도 그토록 가고 싶어 했을까?

먼저 '이어'의 어원을 추적해 보자. 상고시대에 중국 사람들은 그들의 기준으로 중원 문명 밖의 이민족을 이夷라고 칭하여 우리를 그들의 동쪽에 산다고 동이東夷라고 불렀다. 이夷는 이이, 저이, 그이와 같이 사람을 의미했다. 고대 언어인 '아/어'는 아침, 아씨, 아재, 아지매, 아이, 강아지, 망아지 등과 같이 새것, 새 나라, 새 땅, 떠오르는 해를 뜻하는 말이다.

진수는 『삼국지三國志 위지동이전魏志東夷傳』에서 2000년 전에, 예부터 전해져 내려오는 이야기를 상당히 구체적으로 적어 놓았다.

이夷는 견이畎夷, 우이于夷, 방이方夷, 황이黃夷, 백이白夷, 적이赤夷, 현이玄夷, 풍이風夷, 양이陽夷 등 9개의 부족국이 있었는데, 그 민족마다 피부색과 생김새와 생활양식, 언어가 다르다.

중국 후한 시대(AD 1세기경)에 허신이 편찬한 최초의 자전字典 『설문해자說文解字』에서는 "鐵 黑金也 銕 古文鐵 从夷(철鐵은 검은 쇠이다. 철銕은 고문의 철鐵로 이夷를 쫓아 만든 글자이다.)"라고 하여, '鐵'의 고자古字가 곧 '銕'로 '金+夷'의 글자 조합으로 동이가 철을 최초로 발견하여 잘 다룬다고 문자적으로 해석해 놓았다.

또 夷이란 대인이 활을 쏘는 大+弓 형상으로 이족이 활을 매우 잘 다룬다는 것을 의미하고 있다. 고조선 때는 단궁檀弓이라는 박달나무로 만든 명궁이 있었고, 우리의 고대 국가인 숙신의 호시 석노楛矢石弩, 예의 단궁, 고구려의 맥궁 등 이夷족은 우리 고유의 뛰어난 활을 가지고 있었다. 그리고 마상 궁술과 조준의 정확도가 뛰어나 철銕과 단궁檀弓이라는 최신 무기로 최고의 강군을 보유하고 있음을 알 수 있다. 동이東夷에 대한 우리 기록은 사라지고 없지만, 중국의 『설문해자說文解字』에는 이夷에 대한 실마리를 찾을 수 있는 여러 기록이 있다.

夷東方之仁也 古文仁同
(夷는 동방의 仁이라 고문에는 仁과 같이 쓰였다.)

惟東夷從大大人也 夷俗仁 仁者壽 有君子不死之國

(오로지 동이만이 夷는 大弓과 같이 大 자를 쓰는 대인이다. 동이
의 풍속은 어질고, 어질면 장수하여 군자가 죽지 않는 나라이다.)

按天大地大人亦大 大象人形 而夷篆從大
(살펴주는 하늘도 크고 땅도 크고 사람도 역시 크다. 大는 사람의
모양을 한 글자인데 夷 자의 전자는 大 자와 같다.)

— 『설문해자說文解字』 중에서

BC 3~4세기경에 쓰인 『산해경山海經』에서는 "東夷有君子之國
有不死民(동이는 군자의 나라라 죽지 않는 백성이 있다.)"이라 했다. AD 1
세기의 『후한서 동이전後漢書 東夷傳』에서는 동이를 "仁而好生(어
질고 살리는 것을 좋아한다.)"이라 했고, 공자는 "東夷天性柔順 欲居
九夷(동이는 천성이 유순한 곳이다. 그곳에 살고 싶다.)"고 이야기할 정도
로 동이는 중원 사람들도 살고 싶어 하는 이상향이었다.

상전벽해桑田碧海라는 말이 있다. 뽕나무밭이 푸른 바다가 되었
을 정도로, 세상이 알아보기 힘들 정도로 변해 버린 것을 비유적
으로 표현한 말이다. 이러한 예는 지구상에 여러 곳에 존재한다.

바닷물이 차기 전, 아득한 고대 어느 시기에 지금의 이어도와
제주도는 '이夷, 이어, 이여'라고 불린 나라의 고지대였을 것이
다. 그리고 그 나라는 이웃 나라의 부러움을 살 정도로 큰 사람들
이 사는 죽지 않는 나라[不死之國]로, 사상적으로는 '仁, 壽, 君子,
大, 生'을 숭상하고, 군사적으로는 최신 무기인 철과 활로 무장
한 부국강병의 이상적인 새 나라임을 짐작할 수 있다.

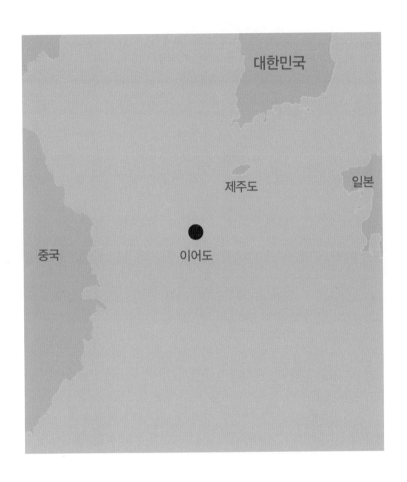

이엿사나 이여도사나 이엿사나 이여도사나
이엿사나 이여도사나 이엿사나 이여도사나

우리 배는 잘도 간다 솔솔 가는 건 솔남의 배여
잘잘 가는 건 잡남의 배여

어서 가자 어서 어서 목적지에 들여 나가자
우리 인생 한번 죽어지면 다시 전생 못 하나니라

원의 아들 원자랑 마라 신의 아들 신자랑 마라
강남 가두 돌아나 온다 서울 가두 돌아나 온다

황천질은 조반날질이언 가난 다시 올 줄을 몰라
강남 바당 비 지어 오건 제주 바당 배 놓지 말라

멩지 바당 썰바람 불엉 넋이 부모 돌아나 오게
이엿사나 이여도사나 이엿사나 이여도사나

  우리가 인식할 수 없는 고대의 실제 역사를 합리적으로 구분하
고 나누기는 참 어려운 일이다. 그러나 역사적 사건을 기초로 대
대로 구전으로 전하여 내려온 신화나 전설 속에는 실제 역사와
무관하다고 할 수 없는 진실이 교묘하게 포장되어 있기도 했다.
  제주도에서 오랫동안 구전되어 온 전설에 의하면 마라도 아래
로 가면 이어도라는 섬이 있는데, 옛날에는 사람이 살았다가 어
느 시대부터인가 차츰차츰 바닷물 속으로 잠겨버렸다는 얘기가

전해지고 있었다.

약 2만 년 전, 지구상의 마지막 빙하기가 끝나가고 있었다. 지구의 기온은 많이 낮았고, 바다도 해수면이 얕아 지금보다 122m 아래에 있었다. 그리고 현재 황해 지역과 제주도, 그리고 지금의 이어도 지역은 바다가 아니라 대평원이었다.

그곳에 고도의 문명과 정치 체제를 갖추고, 부족끼리 다툼과 전쟁이 없고, 기근과 배고픔이 없는 '이어' 라고 불리는 이상적인 나라가 존재했다. 그들은 풍요롭고 기름진 강 하류의 삼각주에서 농사를 지어 굶주리지 않았고, 해안 저지대의 해안선을 따라 풍족한 수자원과 소금을 채취하여 인구도 증가하였고 생활도 유족했다. 그리고 뛰어난 조선술로 배를 제작하여 지금보다 폭풍이 덜한 바다를 건너 이웃 나라와의 교역을 통해 부를 축적하며, 도시의 규모도 점점 커졌다.

하지만 나날이 빙하가 녹으며 대해빙이 시작되었고 막대한 양의 물이 쏟아져 들어와 땅을 잠식하기 시작했다. 지구의 기온이 변화하고 지각이 변동하였다. 세계 각지에 한 번도 경험해 보지 못한 강한 비가 쏟아졌고, 바다가 넘쳐 들어 육지가 잠겼다. 고도의 문명국가 '이어' 도 점점 바닷속으로 잠기게 되었다.

그 당시 고도 문명 대부분이 대홍수 신화를 남기고 상전벽해의 대변혁을 겪었다. 바닷속에 사라진 하와이 대륙의 전설, 뉴질랜드 마오리족의 하와이키 침몰 전설, 이스터섬의 롱가 대륙 함몰 전설, 아틀란티스와 뮤우 대륙의 침수는 지금도 구전되며 전설로 전해지고 있다. 수중에 실제로 존재하는 BC 10,000년 전의 오키나와 요나구니 해저 피라미드 유적, BC 7,500년 전의 인도 캠베이만 고성 유적은 전설이 아닌 실체로 지금도 해저에 존재하고 있다.

이어는 점차 바닷물에 포위당했고, 결국 제일 높은 고지대는 두무악이라 불렸던 지금의 제주, 이주夷州라고 불렸던 타이완, 그리고 오키나와 지역의 제도로 변하게 되었다. 중간 고지대는 바다 아래로 잠기어 겨우 꼭대기만 보이는, 지금의 이어도와 같은 암초 섬으로 변하고 말았다.

이때 이어 대륙의 사람들은 해수면 상승으로 바다에 잠긴 이어를 버리고 공동체를 이끌고 바다와 육지를 통해 세계 곳곳으로 피신하여 대규모 이주를 시작하여 새로운 나라를 건설하였다. 그리고 어디에 살더라도 그들의 고향 이어를 잊지 말자고 세계 곳곳에 '이어'라는 흔적을 남겨 잊힌 문명을 기억하고 있다.

마야, 볼리비아, 콜롬비아, 말레이시아, 인디아, 인도네시아, 캄보디아, 사우디아라비아, 시리아, 에티오피아, 소말리아, 아시아, 폴리네시아, 오세아니아 같은 이름에는 지금도 그 자취가 남아 있다.

1987년 이어도보다 실체가 더 뚜렷한 고대 국가 이어의 유적이 대만과 오키나와의 경계인 요나구니섬 해상에서 발견되었다. 그 후 학계와 언론의 주목을 받으며 "인공구조물이다.", "자연 구조물이다." 등 논란은 지금도 계속되고 있다.

도대체 일만 년 전, 해상으로 잠긴 저 이어에는 어떤 문명이 존재하고 있었을까. 그 실체는 해저에 있더라도 문학과 예술, 그리고 게놈 속에 해답을 숨긴 채 지금도 그 이야기를 속삭이고 있다.

빙하기 말기(15,000년~8,000년 전)에 전 세계적으로 몇 차례에 걸친 대홍수가 있었다. 60m 이상 해수면이 상승했으므로 당시 존재하던 문명도 바닷속에 수장되었다.
        – 그레이엄 핸콕/『신의 지문1997』 중에서

여돗할망과 고동지

영등신에 대한 설화와 본풀이는 이어도에서 건너온 신비한 한 여인에 대한 내력과 풀이로 시작하였다. 구비전승의 특성상 첨삭을 거친 여러 가지 갈래의 이야기가 있어, 구술하는 사람마다 조금씩 다르고 지역마다 각각 변이된 내용이 존재한다. 당나라 대상설, 황영등설, 전영등설, 영등대왕설 등이 있는데, 그중에 1958년 제주 조천리의 정주병 씨가 구체적으로 구술한 내용은 이렇다.

제주 동부의 조천포는 예부터 용천수가 풍부하고 풍랑을 막아주는 만이 형성되어, '조천관'이라는 관방이 설치되어 있을 정도로 큰 포구였다. 조천포는 해남에서 출발하여 제주에 부임하는 관속이나 유배객들, 상단들이 첫발을 디디는 곳이고, 일본이나 중국의 무역 왕래가 빈번한 제주의 관문이었다.

포구에서 출발하면 곧바로 망망대해이기 때문에 바다로 출발하기 전, 이곳에서 일기를 살피고 풍랑이 없도록 제사를 지냈다.

조천朝天이라는 지명도 하늘을 살피는 곳이라 붙은 이름이었다.

옛날 이곳에 고동지라는 남자가 살고 있었다. 어느 날 원나라로 말을 진상하러 가는 국마國馬 진상을 가게 되었다. 그런데 말을 한 배 가득 싣고 원나라로 가다가 갑자기 해상에서 폭풍을 만나 망망대해를 표류하게 되었다. 며칠 동안 바다를 헤매다가, 다행하게도 홀로 목숨을 건져 이어도라는 섬에 상륙했다.

이 섬에서 신비로운 여인을 만났는데, 둘은 서로 마음이 통해 정이 들었다. 이어도에서의 생활은 춥고 배고픔이 없고 근심이 없는 생활이었다. 매일 소리 좋은 살장고를 치며 노래를 하고 풍류를 즐기며, 신비한 여인과 고동지는 꿈같은 세월을 보냈다.

그러던 어느 비 오는 날, 고향의 아내가 그리워 수평선을 바라보며 괴로운 마음에 아내의 이름을 목이 터지도록 불렀다. 어느덧 밤마다 부르는 그의 구슬픈 노래는 애절한 망향가가 되어 이어도 여인의 가슴을 울렸다. 그러나 막상 고향으로 가자 하니, 한편으로 이어도 여인이 홀로 살 것이 염려되어 고동지는 또 마음이 아팠다. 고동지는 마침내 이어도 여인에게 자기랑 같이 고향으로 가기를 청했다.

그러자 이어도 여인은 고민하다가 "그 마음을 고맙게 받아들이겠습니다. 그대는 내가 살 수 있는 도리를 닦아주십시오." 하며 고동지를 따라나섰다. 그러나 문제가 생겼다. 신선계에 살던 이어도 여인은 인간계로 들어갈 수가 없었다. 고동지는 꾀를 내어 홑두루마기 속에 이어도 여인을 몰래 숨겼다. 그리고 근처를 지나던 중국 상선을 만나, 천신만고 끝에 그들의 도움으로 구좌읍 하도리 수진포로 귀향을 하게 되었다.

고동지가 수진 포구로 들어온 이유가 있었다. 제주도는 이미 산에는 산신, 바다에는 해신, 마을에는 본향당 등, 신권 구획에 따라 내력과 성격을 달리하는 각 지역의 500여 제신이 별도의 당에 모셔져 있었다. 여기에 외지에서 들어온 이어도 여인이 파고들기가 쉽지 않았다.

수진포에는 나이가 많고 힘은 약하지만 친절하고 속이 깊은, 금상황제부인이라는 수호신이 있었다. 이 부인은 바다의 배와 해녀들을 돌보는 신장인데, 다른 신들의 자리싸움에 중재도 잘하고, 또 자신의 신권을 다른 신들에게 기꺼이 양보도 잘하는 착한 여신이었다.

고동지는 이 부인께 그동안의 사정을 이야기했다. 고동지의 사정을 들은 금상황제부인은 골똘히 생각하다가 조천관이 있는 장귀동산에 이어도 여인을 새로운 마을의 농경신으로 좌정시켰다.

그래서 이어도 여인은 일뤠한집堂을 꾸미고, 소를 지켜주는 쇠할망, 쇠하르방과 소를 몰고 다니는 세경태우리를 거느리고 한달에 여섯 번 제물을 받는 일뤠중자堂神로 장귀동산에 좌정했다. 실제로 이어도 여인을 모시는 장귀동산당이 조천리에 있었으나 4.3 당시 불에 타서 없어졌다고 한다.

장귀동산당에 좌정한 이어도 여인은 사람들에게 자신의 존재를 알리기 위해 정월 그믐날에 구좌 수진포로 들어와서 금상황제

부인을 알현하고 하룻밤을 묵었다. 그리고 다음 날 2월 초하루에 제주 건입동 산지포로 들어와 한 해의 바다 농사와 밭농사가 잘 되게 돌풍을 일으키고 큰비가 쏟아지게 했다. 그 후 보름 동안 제주를 돌다가 15일에 하늘로 올라갔다. 사람들은 이 신을 이어도에서 고동지를 따라서 온 여인이라고 여돗할망, 여또할망으로 불렀다.

'돗, 또' 는 제주 방언으로 마을 수호신을 뜻하는 말이다. 제주 어로 한라산의 수호신을 천자또라고 하고 마을 여신을 백주또라고 하듯이 여또할망은 이어도 할머니신이라는 의미였다.

제주어는 '따'가 '땅'이 되듯이, '어멍/어머니, 아방/아버지, 겡이/게, 생이/새, 쥉이/쥐, 퍼랑하다/파랗다, 벌그렁하다/빨갛다'와 같이 'ㅇ'이 붙는 말이 많은 것이 특징이었다. 따라서 제주어의 지역적 특성에 따라 여또할망은 여돗〉여동〉영동으로 변이를 하여 여신을 칭하는 할망과 합하여 오늘날의 영동할망, 영등할망으로 형태가 잡혔다.

이 영등은 옛 문헌의 기록에서 작자에 따라서 꽤 다채로운 음차를 하고 있다. 『학성지』는 영등盈騰, 『동국여지승람』은 연등燃燈, 『석북집』은 영등迎燈, 『동국세시기』는 영등靈登, 『봉성문여』는 영등影等, 『영남악부』는 영동靈童과 영등嶺登을 같다고 하였고, 『매천집』은 영등신永登神, 『동환록』에는 영등嶺燈, 『조선무속고』는 영동永同, 그 외에 조사서에는 영등迎登, 영동嶺東, 영등嶺登 등이 있다.

한자 이름이야 어떻든 간에, 영등할망은 이어도에서 고동지를 따라와 신들의 왕국 제주에서 2월의 여신으로 당당하게 자리를 잡았다.

영등할망과 뽕할머니

전라남도 진도는 서남해안에서 조류가 빠른 곳 중 하나로, 서해와 남해, 제주를 잇는 중요한 항로의 분기점이었다. 특히 날씨가 좋으면 제주도 한라산이 보일 정도로 제주와 직선거리로 최단거리라서 문화와 물류 교류가 활발하였다. 그래서 제주 좀녀들의 노래에 어김없이 진도 바다가 등장했다.

이여도 사 하 이여도 사 하
나는 간다 나는 간다
진도 바당 한골소로 나는 간다
(진도 바다 큰물로 나는 간다)
히 이여도 사 헤 이여도 사 하

전남 진도에는 고군면 회동과 의신면 모도리에 전해 내려오는 뽕할머니 전설이 있다. 그리고 2월 영등달에 영등 뽕할머니 소망으로 회동과 모도까지 영등살이라고 부르는 신비의 바닷길이 열린다. 이 전설에는 제주의 고동지 대신에 손동지가 등장하고 봉씨 성을 가진 뽕할머니가 등장하였다.

500여 년 전 손동지라는 사람이 있었다. 그는 제주도로 유배하러 가다가 풍랑을 만나 진도군 고군면에 표류하게 되었다. 그곳은 범이 자주 출몰해서 호동虎洞이라 부르는 곳이었다. 그 후 손동지는 그곳에서 자리를 잡았고 후손들도 대대로 번성하게 되었다.

그런데 날로 호환이 극심해져서 일가들은 모두 배를 타고 마주보이는 모도라는 섬으로 피난을 가서 살게 되었다. 그러나 너무 급하게 떠나는 바람에 아뿔싸, '뽕할머니' 라고 부르는 노인을 남겨 둔 것이었다.

텅 빈 마을에 홀로 남겨진 뽕할머니는 가족들을 만나게 해달라고 용왕님께 정성으로 빌었다. 그런데 어느 날 용왕이 꿈에 나타나 "2월 사리에 내가 무지개를 바다에 내릴 터이니 그리 알라." 라고 선몽하였다.

한편 뽕할머니가 2월 사리 때가 되어 서둘러 바다에 나가니, 신기하게도 바다가 갈라져 모도까지 다리가 놓여 있었다. 뽕할머니는 기쁜 나머지 그 다리를 바삐 건너다가 기력이 쇠진하여 쓰러지고 만다. 모도 주민들도 바다가 갈라져 길이 놓이자 놀라서 모두 바다를 건너다가 쓰러진 뽕할머니를 발견하였다. 그리고 할머니의 정성으로 길이 열린 사실을 알게 되었다.

그 이후로 뽕할머니는 그곳의 영등신靈登神이 되었고, 일 년에

한 번 2월 영등에 바다가 갈라져 길이 열리게 되었다. 그리고 호동이라는 마을 이름은 사람들이 다시 돌아왔다고 회동回洞이라고 부르게 되었다.

이 전설에 등장하는 손동지라는 이름은 제주도의 고동지와 경기도 강화에서 음력 10월 20일경 불어오는 손돌바람, 손돌풍의 주인공 손돌 전설과 겹친다.

손돌은 고려 때 강화도에 살던, 노련하기로 소문이 난 뱃사공이었다. 어느 날 왕이 몽골의 침입으로 강화도로 피난을 가게 되었을 때, 뱃길을 안내하게 되었다. 뱃길에 밝았던 손돌은 적이 얼씬도 할 수 없는 안전한 급류로 왕이 탄 배를 안내하였는데, 위험을 느낀 왕의 일행은 손돌의 행동을 의심하여 그를 죽이려 하였다.

손돌은 자기가 죽은 뒤 바다에 바가지를 띄워, 그 바가지가 가는 대로 배를 몰아야 안전하게 강화에 도착할 수 있다는 말을 남기고 칼을 받아 죽고 말았다. 과연 손돌이 죽은 뒤에 그대로 하니, 배가 무사히 바다를 건너 강화에 닿았다. 왕은 깊이 후회하며 강화 덕포진의 바닷가 언덕에 무덤을 만들어 후하게 장사를 치르고 그를 위로하였다.

그 후 해마다 손돌이 죽은 날인 음력 10월 20일이 되면 원혼에 의해 무서운 강풍이 불기 시작하였는데, 인근의 뱃사람들은 바다에 나가는 것을 삼가고 근신하였다. 그리고 이때 부는 바람을 손돌바람이라 하였고, 그곳을 손돌목이라 하였다.

한편 뽕할머니의 유래도 흥미 있다. 뽕할머니가 살았다는 진도 고군면 회동은 맞은편 해남의 관두량과는 뱃길로 30분 거리의 지척이었다. 관두량은 지금은 한적한 시골 마을이지만 천 년 전, 고려와 송나라와의 교역의 중심지로 고려 최대의 국제교역 중심 항이었다. 이를 통해 당시 중국 사람들의 바람신 풍백風伯을 달리 불렀던 封夷봉이라는 말이 유입되어 뽕할머니로 변이하였다는 것을 알 수 있다.

제주의 영등할망도 처음에는 우마를 돌보는 농경신으로 정착하였으나, 나중에는 비바람을 일으키는 그 위세를 인정받아 금상황제부인의 바닷일도 도와주며 해녀들도 돌보는 비바람 신으로 확장되었다. 그 후 제주인들에 의해 전라 지역 해안가에 상륙한 영등할망과 외방신인 봉이封夷, 그리고 강화도의 손돌 바람이 합쳐져 진도 뽕할머니라는 전설이 만들어졌다.

제주 두무악

제주인들은 평생 바닷일을 하다 보니, 선천적으로 바람과 바다와 배에 익숙하고, 물길이나 기상을 잘 알았다. 비록 바다가 사나운 폭풍과 파도를 만나도 동요하는 기색이 없이 조금도 두려워하지 않고 날래고 억세게 난관을 잘 극복했다.

그들은 구름의 모양과 나뭇가지의 방향과 새가 나는 모양만 보고도 기후를 읽을 수 있는 천부적인 능력이 있었고, 누구보다 바람을 잘 파악했다.

바람의 고대어는 [프람]으로 풍風의 발음과 유사하다. 세계 여러 언어에서 바람은 [pu-]하고 부는 바람 소리와 비슷한 이름을 가지고 있다. 바람의 영어는 wind[윈드], 독일어는 [빈드], 라틴어는 [벤투스]이다. 고대 그리스신화의 폭풍을 일으키는 신은 [티폰], 바다의 신은 [포세이돈]이었다.

고대 게르만의 풍신은 [보딘], 인도 신화에 나오는 바람의 신은 [바유], 고대 인도의 풍신은 [바타], 아시리아의 기상 신은 [람만]

등으로 모두 [ㅂ, ㅍ]과 관련이 있다. 12세기 『계림유사』에 따르면 바람을 [발람, 펴람]이라 했고, 16세기에는 [보름, 버롬]이라 했는데 오늘날의 제주어 [보름]과 비슷하다.

특히 제주의 바람은 해양성 풍향으로 한곳에 머물지 않고 가변적인 이동 경로로 기류를 타고 넓은 지역을 떠돌아다니기 때문에 육지 바람과 많이 차이가 났다. 실제로 제주인들에게 바람은 곧 생활의 전부였다. 한 해에 수십 개의 크고 작은 태풍이 동아시아로 올라오는 길목이기도 했다. 그래서 바람의 방향, 세기, 지역, 계절에 따라 그 이름을 다양하게 구분 지었다.

동풍은 셋보름, 남풍은 마파름, 서풍은 갈보름, 북풍은 하늬보름, 북서풍을 섯하늬보름, 북동풍을 동하늬보름, 동북풍을 높하늬보름, 동남풍을 동마보름, 서남풍을 섯마보름으로 불렀다. 실바람을 멩지바람, 태풍을 노대보름, 국지풍을 노랏, 오랫동안 세게 부는 바람은 궁근새, 오랫동안 약하게 부는 바람은 지름새, 파도를 일으키는 동풍을 겁선새, 시원하게 불어오는 남풍을 건들마, 산바람을 산두새, 회오리바람을 도깽이주제, 돌풍을 강쳉이라고 부르는 등 수많은 가짓수의 바람 명칭이 있었다.

이렇게 바람 하나하나의 생리를 잘 알았기에, 강한 비바람을 막고자 골목을 구불거리는 올레로 만들었고, 돌담을 쌓고, 집을 낮게 지어 얽어 묶는 생활의 지혜를 익혔다. 그리고 계절마다 바닷길에 부는 해풍을 잘 읽는 능력으로 두려움 없이 대양의 바다를 종횡무진 누빌 수 있었다.

그 바닷길의 중심에 동아시아의 해양대로 쿠로시오 해류가 있었다. 쿠로시오 해류는 동남아시아에서 제주로 올라오는 아열대성 난류이다. 여름에는 필리핀 남방으로부터 대만, 제주도를 거쳐 동해와 일본의 동쪽 해안 고위도로 진입했다가, 겨울에는 반대로 남하하는 일정한 법칙이 존재했다.

바다의 본질을 잘 아는 제주인들은 조상 대대로 축적된 경험으로 매년 일정한 속도와 방향으로 흐르는 해류를 읽는 능력도 탁월했다. 그래서 제주인들은 쿠로시오 난류를 타고 일본 동해안으로 진출했고, 쓰시마 난류를 타고 일본 서부로도 진출했다. 한편 동한 난류를 타면 한반도 남해안, 동해안을 마음대로 누볐고, 황해 난류로 진입하면 서해안으로 북상하여 한양과 산둥반도까지 갈 수 있었다. 그 반대 해류를 타면 류큐국이나 타이완까지 진출할 수 있었다.

제주인들은 조상 대대로 이 해류를 타고 어업에 종사하면서 어떤 고기가 어디에 분포하는지를 귀신같이 잘 알았다. 그리고 독단적으로 중국, 일본, 대만 등과 문화와 물류를 교류하면서 동중국해 문화권의 일부가 되었다.

이렇게 대양을 누빌 수 있었던 것은 제주인들의 뛰어난 조선 기술로 만든 '두무악'이라는 선박 때문이었다.

원래 두무악頭無岳은 한라산의 옛 이름이었다 둠은 '둥글다'의 파생어로, 한라산 정상부 꼭대기가 연못으로 평평하고 둥근 솥같이 생겼다고 붙은 말이다. 그래서 한자어로는 부악釜岳, 원산圓山

이라 했다.

두무악은 제주를 통칭하는 말이었다. 제주濟州라는 명칭은 1214년(고려 고종 1) 때부터 사용한 이름으로, 그 이전에는 탐라耽羅라고 하였다. 모두 '바다 건너 섬나라'라는 의미가 있다.

제주, 탐라 등은 모두 관에서 사용하는 행정적인 명칭이었고, 일반 민간에서는 제주 사람을 두무악, 두모악, 두독야지라고 불렀다. 이는 탐라라는 말과도 무관하지 않다. 이로 인하여 경상도, 전라도 지역의 해안가 사람들은 제주 배와 제주 사람 모두를 아예 두무악이라고 칭했다.

제주는 바다로 둘러싸인 절해고도로 어로행위를 하거나 섬 밖으로 출륙을 하기 위해서 배는 필수 수단이었다. 제주 사람들이 만들었던 선박에 대한 기록은 1485년 서거정이 집필한 『동국통감東國通鑑』에 나온다.

> 1095년 7월 헌종의 즉위식에 탐라국에서 고적高的을 사신으로 헌종의 즉위를 축하하는 대규모 사절단을 개경으로 보냈다. 사절단의 규모는 194명이었고 탐라의 각종 토산품을 진상했다.

이 기록만 보더라도 말과 사람을 실을 수 있는 대형선박의 선단이 서해를 거쳐 고려의 수도 개경까지 갔음을 알 수 있다. 고려 시대 때 탐라국은 이미 전설처럼 전해지는 쌍돛을 단 대형선박을 건조할 정도로 뛰어난 조선 기술을 지녔던 것으로 추측할 수 있다.

1274년 원나라는 제주를 직할지로 삼았고, 몽골의 군마 생산지가 되었다. 사육한 군마를 대형선박에 싣고 조천이나 화북에서 산둥반도까지 운반하였다. 이후 조선 시대까지 제주는 임금이 타는 어승마 같은 명마와 군마의 최대 생산지로 제주 목사가 직접 관리 감독하는 중요한 군마 보급처였다. 이 말들을 제주와 전남 강진 마량항 사이에 있는 가장 오래된 해상항로를 통해 안전하게 수송해야 하는데, 이것 또한 제주인의 대형선박 건조 기술 때문에 가능했다.

이여도사나 이여도사나   이여사 이여도사나
윗날윗적 진시왕은   만리성을 둘러놓고
삼천궁네 모여놓앙   노념놀이 호시논디
어기여고라 어기여고라   이여도사나 이여도사나
서씨는 지시왕끠   보고를 호시논다
할라국의 불로초를   캐여다가 늘그막에
진시왕을 자시려고   하시논다
이여도사나 힛   이여도사나 하
진시왕은 좋아라   탐라국에 불로초를
캐여오라 멩령을   내와간다
어기여고라 힛   어기여고라 힛
— 서귀포 뱃노래

예부터 제주와 남해안 일대는 왜구들의 노략질 표적이었다. 그들은 순식간에 노략질한 쌀을 싣고 멀리 도주해야 하기에 편리하고, 가볍고, 기동력이 좋은 돛과 노를 가진 배를 가지고 있었다.

조선 수군의 배는 포술과 방어에는 쉽지만, 기동력이 느려 왜구들의 배를 따라잡지 못했다.

그렇다고 조선의 배가 다 그런 것은 아니었다. 약삭빠른 왜구들도 바다에서 만나기를 꺼리는 배가 제주인들이 건조하여 타고 다니는 두무악이란 덕판배였다. 두무악은 제주 구상나무를 재료로 만든 목선이었다. 한라산 구상나무는 부력이 좋아 가볍고, 수분이 침투할 수 없는 내피 구조라 부식이 되지 않는 장점이 있었다. 보통 어업용 소형과 중형을 많이 건조하였고 큰 대형선박은 조랑말 30마리까지, 사람은 40여 명까지 승선할 수 있었다. 동력은 어깨 위로 젓는 '노 냉기 노'와 띠 자리로 만든 돛 두 개를 달았다.

보통 제주 어민들의 배는 연근해용인, 뗏목에 노를 사용하는 테우와 원해용으로 돛을 달아 풍력을 이용하고 배의 앞머리가 사다리꼴로 일반적인 선박의 형태를 갖춘, 당도리 배라고 부르는 덕판배가 있었다.

덕판배는 소형 선박이지만 선체가 날렵하여 전후좌우로 방향 전환이 쉽고 두 개의 돛대를 달아 매우 빠른 쾌속선이었다. 더군다나 선체의 앞머리 이물에는 제주 바다에 접안할 때 현무암 바위와 부딪혀도 끄떡없는 덕판이라는 두꺼운 나무를 가로로 덧대어 튼튼하기가 무쇠 같았다. 제주에서는 이 때문에 이 배를 덕판배라고 불렀다. 이 덕판배는 평소에는 고기잡이를 하거나 미역을 따지만, 왜구들의 공격을 받으면 삽시간에 전선으로 변하여 왜구와 맞섰다.

제주인들은 바다에서 두려움 없이 용맹했다. 덕판배의 밑바닥에는 배의 평행을 유지하는 평행석을 깔아 놓았는데, 유사시에는 배의 방향을 자유자재로 움직여서 근접 투석전을 벌여 칼에 능한 왜구들을 꼼짝 못 하게 하였다. 그리고 마지막으로 강력한 앞머리 덕판으로 왜선을 들이받아 배를 파선하여 왜구를 수장시켰다.

나중에는 가로로 덕판을 대는 덕판배와 달리 선수 쪽에 삼나무를 뾰족하게 단 쌈판이라는 배로 발전했는데, 물의 저항이 적어 덕판배보다 훨씬 빨랐다. 그래서 아무리 간 큰 왜구들이라도 쌈판 두무악을 만나면 싸움배라고 부르며 두려워서 피하였다.

조선 수군도 배를 잘 부리고 수전에 능한 두무악을 소중한 자산으로 생각하여 항상 주시하고 그들을 달래는 유화정책을 썼다. 한편 수군은 튼튼하고 빠른 제주인들의 선체 건조 기술력을 높게 평가하여 적극 그 재주를 활용하여 두무악을 본떠서 병선을 건조하기도 했다.

1486년(성종 17) 경상도 관찰사 손순효는 경상, 전라 연안에 침범하여 노략질을 일삼는 왜구들로 인해 골머리를 앓고 있었다. 이를 어떻게 방어할지 골몰하던 중 왜구에 대해 잘 아는 제주 사람들에게 자문하기로 했다. 손순효는 곤양·사천·고성에 이르러 제주에서 와서 몰래 정착해서 해산물을 채취하며 포작鮑作과 좀녀潛女로 살아가는 두무악 사람들을 불러 모았다.

당시에는 가뭄과 수탈에 시달리던 탐라 사람들이 출륙금지령을 어기고 제주에서 도망쳐 나와 전라도나 경상도 연안에 암암리에 많이 이주해서 살았다. 이들은 정처 없이 바다를 떠돌며 바닷가에 움막을 짓고 살며 전복, 소라, 미역을 채취하거나 고기를 잡아 생계를 유지했다. 그래서 바닷길에 대해서 훤히 통달하고 있었다. 그들은 남해안의 서로 연결된 크고 작은 섬 하나하나를 잘 알았고, 물길, 파고, 바람의 세기, 심지어 마실 물을 어디서 구하는지를 훤하게 알고 있었다.

손순효는 그들을 회유하여 왜구들이 잘 다니는 대마도에서 남해 미조항까지의 해로에 대해 의견을 물었다. 그로 인해 손순효는 왜구들이 전라도로 드나드는 길을 손바닥 보듯이 파악하였고,

여수 돌산도 관문만 잘 수비하면 전라도 경계에 쉽게 들어가지 못한다는 비책을 일러 듣고 그대로 실행하여 왜구를 물리쳤다. 손순효는 바다를 속속들이 잘 아는 두무악들의 재주를 비상하게 생각하여 왕에게 이렇게 장계를 올렸다.

> 곤양, 진주, 사천, 고성에 두무악을 나누어 두면, 모두 배를 잘 부리고 물결에 달려가는 것이 나는 새와 같으니, 그들을 어루만지고 편히 살게 해주면 급할 때 쓸 수 있을 것입니다. 그러하니 도외시하며 쓰지 아니할 수 없습니다.

손순효의 눈이 정확했다. 그로부터 106년 뒤에 발발한 임진왜란에서 두무악들은 물길을 인도하는 조선 수군의 핵심으로 중추적인 역할을 하게 되었다. 이순신 장군은 왜적과의 전투에서 뛰어난 항해술의 제주인들을 언급하며 "용감하고 활도 잘 쏘고 배도 잘 부리는 포작"이라고 이들의 전투력을 높이 평가하고 있다.

이들은 바다의 깊이와 지형지물과 물길에 훤했고, 물결의 모양만 보고도 파도를 읽었다. 이순신은 이 제주 포작 두무악들의 비상한 재주를 활용하여 전술, 첩보 정보, 항해술을 발전시켰다. 이들의 빠른 포작선 수십 척도 함대의 일원으로 물길을 인도하는 전문 유도선으로 적 함대의 정보 수집, 수색, 기만전술, 격파 등 특수 임무를 수행했다.

왜구倭寇라는 말은 노략질을 위해 결탁한 일본의 해적집단을 말한다. 이들은 한반도와 남중국해 해안 지역을 돌며 식량을 약탈하는 것을 업으로 삼았다. 동아시아 바다를 무대로 노략질을 하다 보니, 바다의 유랑자인 포작인들의 배와 자주 마주쳤다. 그러나 왜구들도 이들 포작인 배를 만나면 약탈은커녕 두려워서 슬슬 피했다.

따지고 보면 왜구들도 열도의 농부들이나 무사 출신들이라, 바다에 능하지 않았다. 그러나 제주 포작인들은 태어나자마자 걸음걸이보다 헤엄을 먼저 배울 정도로 바다에 익숙한 사람들이었다. 물밑으로 잠수하는 능력도 뛰어나 수전에는 당할 사람이 없는 일당백의 두려운 존재였다. 그리고 왜구들을 많이 상대하다 보니 그들의 언어도 대충 알아듣고 생리를 잘 파악하고 있어 적어도 바다에서는 당할 자가 없었다.

왜구들은 주로 칼을 잘 다루어 배를 최대한 붙여 싸우는 단병접전에 능했다. 이 약점을 잘 아는 포작인들은 배를 능수능란하게 다루며 거리를 두어 활을 쏘아 적을 제압하거나, 배의 전복을 막기 위해 싣고 다니는 바닥짐 돌로 투석전을 벌여 왜구들의 배를 파선했다.

그래서 왜구가 정규군인 일본군으로 확장 편성되어도 제주 포작인의 억센 전투력에 대한 공포가 깔려있었다. 임진왜란에서 압도적 우세를 보였던 이순신과 조선 수군의 승리에는 이들 제주 포작인들의 숨은 공로가 있었다.

영등할미의 상륙

    조선이 개국하면서 조정은 제주도에 목사를 파견하는 등 지배권을 확대하였다. 그리고 제주 백성들에게 과할 정도로 각종 부역과 공물을 부과하였다. 제주는 현무암과 화산재로 형성된 척박한 땅이었기 때문에 농사가 힘든 곳이었다. 따라서 조세는 쌀이나 포가 아니라 특산물로 바쳐야 했다.

    제주인들은 양민이건, 노비이건 상관없이 말·흑우·흑돼지·사슴 등과 같은 '가축 공물'이나, 전복·미역·참돔·갈치 등과 같은 '해산물 공물'과 감귤·표고 등과 같은 '특산 공물'까지 바치기 위해 채취와 목축에 시달렸다. 사시사철 다양하고 과중한 진상공물을 조달해야 했고, 거기에다 설상가상으로 그 물건들을 육지로 운반하기 위해 지우는 '도해 부역'도 감당해야 했다.

구관이엥 헤곳도말라(구관이라고 말하지 말라)
신관이엥 일콧도말라(신관이라고 일컫지도 말라)

산짓물을 사흘먹으난(산물을 사흘 먹으니)
원의공사 한공살러라(원의 공사 큰 공사로구나)
  - 제주 〈신세타령〉

거기에다 왜구들의 노략질, 조정과 관리들의 수탈이 힘겨워 하루하루 가족과 더불어 육지로 도망을 나가 포작인으로 살아가는 가구가 부지기수였다. 육지로의 이탈자가 속출되자, 관에서는 제주인들에게 돛배를 만드는 것조차도 금지했다. 관리들은 제주 이탈을 막기에 급급해 육지로 나갈 수 있는 화북포와 조천포를 철저하게 통제했다.

마침내 1629년(인조 7) 조정은 제주인은 육지로 나가 살 수 없다는 출륙금지령出陸禁止令을 내렸지만, 어선을 가지고 있는 제주인들에게는 아무 소용이 없었다. 엎친 데 덮친 격으로 18세기 초에 세 차례의 대기근이 발생하여 한 집 걸러 한 집꼴로 아사자가 속출하기까지 하였다.

제주인들은 살기 위한 방편으로 근해인 중국, 일본, 류큐, 대만, 전라, 경상도 해안으로 탈출해서 떠돌아다니는 유랑 포작인으로 전락했다. 그들은 가족이나 친족 단위로 공권력이 미치지 않는 무인도나 연해에 몰래 정착하여 살았다. 제주인들에게 바당은 곧 땅이었기에 바다만 있으면 아무 문제가 없었다.

제주인들은 뭍에서 생활하는 것보다 바다에서 사는 게 익숙한 사람들이라 생선을 잡거나 해산물을 채취하는 데 능숙했다. 전복은 포작鮑作이라는 남자들이 채취하고, 잠수潛嫂라는 해녀들은 미역을 채취하는데, 그 기술이 뛰어났다.

육지 사람들은 상상하기 힘든, 숨을 참고 물속을 누비는 특출한 재주가 있었기에 그 수확물을 육지의 곡물과 교환하며 금방 적응해서 정착했다. 이탈 포작인들의 수효는 해마다 점차 늘어나 수천 명에 이르게 되었다.

이처럼 남해안 연안에 정착한 두무악들은 그들이 제주에서 섬겼던 영등할망을 그대로 섬겼다. 그렇게 영등할망은 진도의 뽕할머니같이 용신, 농신, 갯벌신으로 연안에 상륙하여 내륙으로 전파되었다. 그 증거 하나를 남해안에서 갯일을 뜻하는 '바라' 라는 말에서 찾을 수 있다. 원래 '바라' 는 '2월 영등할망' 이나, '물질을 하러 나가는 일' 둘 다를 지칭하는 제주 방언이었다. 이 말이 포작인들에 의해 남해안 일대로 전해져, 여성들이 갯벌에 조개를 캐거나 해초를 뜯는 작업을 '바래 하러 간다' 라고 표현하는 것에 그 흔적이 살아남아 있다.

그 이후로 영등 신앙은 바람과 같이 급속도로 퍼져나가 경상도와 전라도의 해안과 내륙 일부 지역으로 전파되어, 음력 2월 초하루부터 보름이나 20일까지 모시는 외방신外訪神이 되었다.

영등신은 전설의 섬 이어도의 신비한 여인에서 시작하여, 신들의 섬 제주에서 여돗할망으로 자리를 잡고, 다시 두무악 덕판배를 타고 포작인을 돌보는 신으로 육지에 상륙하여 영등할미가 되는 긴 여정을 겪었다.

남해안의 영등 신앙

　남해안 일대에 정착한 영등할미는 제주에서와 같이 비위만 잘 맞추면 비와 바람과 물때를 조절하여 풍농과 풍요를 가져다주는 신이었다.

　영등사리는 일 년 중 바닷물이 제일 많이 빠지는 썰물이라 물 속에 잠겨있던 바위나 개펄이 최대한 드러났다. 그래서 평소에 채취하기 힘든 바닷속 개조개, 바지락, 고동, 낙지, 돌미역 등을 두 배로 채취하는 때이기도 했다. 또 이 영등사리는 남쪽 먼바다 에서 살을 찌운 감성돔이 갯바위로 북상하는 시기로, 이때 잡히 는 감성돔을 영등감시라 하고 씨알이 가장 굵었다.

　　영등할매요
　　요번바래 가거들랑
　　이갱물이 마이나서
　　개발대합 캐어주소
　　한바구리 캐어주소

두바구리 캐어주소
비나이다 비나이다
두바구리 캐고나면
바당갱물 들어오소
　－ 경남 삼천포/ 강윤순 '영등 기도'

선조들은 세상의 모든 이치와 행위에 그 시작과 끝이 있어, 들어오는 것이 있으면 나가는 것이 있고, 지은 만큼 갚아야 하고, 쌓은 만큼 돌아온다는 법칙이 있다고 믿었다. 절기를 배분함에서도 긴장과 이완의 법칙에 따라 음력 2월은 잘 먹고 잘 놀던 정월과는 반대로 잦은 비와 바람으로 살얼음판을 걷는 듯한, 긴장감이 살아 있는 달이었다.

비와 바람 같은 신의 영역은 어쩔 수가 없는 일이었기에 농사와 어업이 생명줄인 사람들은 매달릴 수밖에 없었다. 남해안 갯가 사람들은 제주에서 두무악이 모시고 온 영등할망을 풍수신으로 삼고 제주 두무악과 똑같이 극진히 받아들였다. 그리고 영등할미를 잘 모시면 집안이 안과태평하고 고기 풍어와 농사 풍년과 재물이 바람같이 일어나고, 타지 생활하는 자녀들이 무탈하다고 믿었다.

하지만 잘 모시지 않거나 부정을 타면 재물이 새고, 고기도 안 잡히고, 병자가 생기고, 부부가 화합하지 못하는 등 뒤탈이 난다고 생각하는 것도 제주의 풍습 그대로였다. 다만 제주 지역이 마을 단위의 큰 굿이라면 남해안 갯가 지역은 간단한 가정 제의라는 차이가 있었다.

남해안 지역은 2월 초하룻날 새벽에 영등을 모실 때나 보름에 승천할 때, 각 가정에서 할머니나 어머니가 주관하였다.

먼저 하루 전날인 정월 그믐날 대문 앞에다 황토를 깔고, 대문에 푸른 잎이 달린 댓가지를 꽂아 집안에 잡인의 출입을 막았다. 다음 날 2월 초하루 새벽에 깨끗한 샘물을 길어 세 바가지의 물을 떠서 장독대나 뒤곁의 깨끗한 곳에 두었다.

다음 날 아침이 되면 푸른 댓가지 3개를 교차하여 한 자쯤 되는 곳을 묶어 색실, 헝겊, 백지를 달고 그곳을 제단으로 삼았다. 그리고 간단하게 밥과 나물, 떡과 과일 등으로 단출한 상을 보았다. 지역마다 차이는 있지만, 흰 종이를 그 집안의 식구 수대로 끊어서 태우기도 하고, 어떤 지역은 밥 위에 숟가락을 가족 수만큼 꽂아 놓고 그해의 풍농과 풍어, 가정의 평안을 기도했다.

> 영등할매 영등할매요 영등할매 영등할매요
> 우짜든지 우리집안 편안하게 해주시고
> 배사업하는 저거아부지 뱃길편케 해주시고
> 우리아이들 안아푸고 건강하게 해주시소 ·
> 내하나야 우찌되던 내자석들 잘되게 해주시소
> 영험하신 영등할매요 비나이다 비나이다
> – 경남 사천/ 이또분 '영등 기도'

이 기간은 "하지 말라"라고 하는 금기 또한 어느 때보다 세었

다. 영등할미의 심기를 건드려 동티가 난다는 생각 때문이었다. 논밭 갈이 등 땅을 다루는 일이나 해녀들의 물질도 금했다. 하물며 물건을 사고파는 상행위도 금했고, 특히 쌀을 집 밖으로 내는 일을 엄격하게 금했다.

여성들이 이때 장을 담그면 장에 구더기가 생긴다고 금했고, 심지어 빨래도 금했다. 부정을 타면 안 되기에 상갓집에도 얼씬을 하지 않았으며, 아이를 낳은 집은 일부러 피해 다녔다. 특히 이 기간에 혼인을 하면 영등할미의 시샘을 받아 그 부부는 벌을 받아 파혼된다는 강력한 믿음이 있어, 오늘날에도 음력 2월 내내는 결혼식을 피하는 풍습이 이어진다.

영등 금기의 속을 들여다보면, 엄동설한 추위에 바깥일을 해야하는 여성과 일꾼들을 보호하기 위한 안전장치가 슬쩍 비친다.

영등달은 얼음도 녹고 햇볕은 따뜻하지만, 잎샘 꽃샘이라 부르는 겨울보다 더한 찬 바람이 부는 시기였다. 이때 봄이 왔답시고 들일이나 물질을 하거나, 찬물에 손을 넣으면 몸이 상할 수 있기에 이런 금기를 만들어 노동적 약자를 보호하는 참으로 따뜻한 민속이었다.

이렇게 보름 동안을 모신 영등할미는 15일 또는 20일에 환송을 받으며 승천하는데, 이것도 제주의 영등굿과 똑같은 모습이었다. 이날은 구름이 조금 끼거나 비가 몇 방울이라도 떨어지면 사람들의 정성이 영등할미를 감동하게 해 풍년을 약속하는 비로 알았다.

남성들도 이날은 올해의 첫 거름을 논밭에 내고, 농사 연장들을 손보고 깨끗하게 기름칠하고, 씨앗 종자 중에서 병들고 거친 것을 골라내었다. 또 마구간에 찰밥을 차려 놓고 지신께 농사의 주축인 소의 건강과 장수, 다산을 축복했고, 곳간 지신께도 쌀과 보리가 가득하기를 빌었다.

여성들은 이날 메주를 손보았으며 이불 홑청을 깨끗하게 빨았다. 또 정지의 조왕신 앞에는 밥과 나물을 차려 놓고 사시사철 정짓간에 밥 냄새가 안 떨어지기를 빌었다.

과거에는 이날에 주인이 머슴들에게 쌀로 만든 떡과 밥을 먹였는데, 주인이 짚으로 만든 꾸러미에 직접 주기도 하고, 또 장독간이나 곳간, 감나무 위에 가져다 놓기도 했다. 그러면 머슴이 직접 곳간이나 장독간을 뒤져 찾아 먹기도 하고 감나무를 타고 올라가

꺼내 먹기도 했다.

이 풍속은 아무나 출입을 할 수 없는 집안의 신성한 공간인 장독간이나 곳간을 공개하며 농사가 잘되어야 하는 것은 주인이나 일꾼이나 마찬가지이니, 올해도 서로의 공동목표를 위해 부지런히 일하자고 달래는 뜻이 담겨 있었다.

영등할미의 힘

우리 신화에는 태초에 세상을 만든 거인 여신 마고할미가 있었다. 이 할미신은 치마로 흙을 날라 제주도를 창조한 선문대할망, 황해를 관장하는 거인 여신인 부안의 개양할매, 지리산을 만든 마고, 양주의 착한 노고산 산신 노고할미 등으로 불리며, 이 땅의 산과 강, 섬, 다리, 성곽을 만든 창제신으로 전승이 되었다.

이러한 강력한 마고할미의 영토에 후대에 등장한 영등할미가 2월의 여신으로 자리 잡을 수 있었던 비결이 있었다.

첫째, 영등할미의 구체적인 힘 때문이었다.

"2월 바람에 검은 소뿔이 오그라진다."라고 바람을 만드는 영등할미는 시베리아 기단을 물리치고 아열대 기단을 불러와 음력 2월의 날씨는 돌풍과 잦은 비로 상징될 정도로 매우 변덕스러웠다. 그것은 그저 신화적인 원형에서 상상한 힘이 아니라 천둥과 벼락, 비, 바람 같은 구체적이고 강력한 힘을 관장하는 확실한 역할을 하므로 인간에게 충분한 두려움을 갖게 하였다.

둘째, 영등신의 징표를 보여주는 정시성 때문이었다.

영등할미는 해마다 일정하게 음력 2월 1일에 들어와 15일이나 20일에 올라가기 때문에, 그 정시성으로 인해 자연에 존재하는 어떤 신격보다도 그 믿음의 힘을 증폭시키기에 충분했다.

셋째, 비와 바람으로 만물의 씨앗을 생장하게 해주는 풍요성 때문이었다.

영등할미는 겨우내 움츠렸던 만물이 소생하는 봄을 알리는 신이었다. 바닷가에는 미역, 전복, 소라 등 해산물의 씨를 뿌리고, 대지에는 생기를 불어넣어 온갖 곡물의 씨앗을 생장하게 해주는 힘이 있어서 어느 신보다도 극진하게 달래어 모셨다.

영등할미는 이러한 구체성과 정시성과 풍요성으로 인해 바람의 신과 생장의 신으로 제주에서 남해안 연안으로, 또 내륙으로 그의 세력을 쉽게 확장할 수 있었다.

이여도사나
우리 어멍 날 날 적에
가시나무 몽고지에
손에 궹이 박으라고 날 낳던가
이여도사나 힛 처라 처라
저어라 저어라
한적 젓엉 앞을 사자
이여도사나

2

수
목

신
앙

지구는 크게 바다의 땅이 있고, 다음이 모래의 땅이고, 그다음이 풀의 땅이고, 다음이 나무의 땅이고, 그 나머지가 인간의 땅이었다. 원래 지구의 본 주인은 풀과 나무였다. 화산재만 날리던 삭막한 지구에 풀이 자라고 나무가 우거져 이산화탄소를 흡입하고 산소를 공급하며 땅을 기름지게 했다.

나무와 인간

한국인의 나무 사랑은 각별했다. 오래된 나무는 인간과 똑같은 유전 인자를 가지고 있다고 믿었다. 그래서 모두 의인화하여 집안 할아버지나 할머니를 모시듯이 마을의 어른으로, 문화의 중심으로 추앙하며, 인간적으로 투정도 하고, 부탁도 하고, 어리광도 부리며 그렇게 지냈다.

절기가 바뀌면 나무에 제사를 지내고, 새 옷도 입히고, 맛난 음식을 올리고, 막걸리도 대접했다. 나의 생과 함께하는 내 나무가 따로 있었고, 가문이 관리하는 선산 숲도 따로 있었고, 마을에서 당산나무로 모시는 마을 나무도 따로 있었다.

상고시대부터 오래되고 큰 나무를 신단수, 서낭나무, 성황나무라고 부르는 당산나무 신앙이 있었다. 심지어 생물학적으로 생명이 끊어진 나무도 대들보, 솟대, 장승으로 세우면 성주신, 수호신장이 깃든 나무로 여겨 귀하게 대접했다. 이러한 애틋한 나무 신앙은 어디에서 왔을까?

인류의 역사는 음식을 안전하게 대량으로 확보하려는 투쟁의 역사였다. 구체적으로 쌀, 밀, 옥수수, 보리 같은 곡식과 대구, 청어와 같은 어류와 차, 후추, 설탕 같은 기호품을 확보하기 위해 우리는 지금도 서로 싸우고 있다.

'보다 빠르게, 보다 높게, 보다 넓게, 보다 따뜻하게, 보다 시원하게, 보다 새롭게, 보다 풍족하게', 산업혁명 이후로 인간의 소유에 대한 욕망은 더욱 성장했다. '보다 자극적으로, 보다 젊게, 보다 정확하게' 인간의 '보다' 욕망은 자본주의라는 자양분을 섭취하며 확대, 재생산되었다.

　자본주의의 성장에는 인간들의 이기적인 사상인 휴머니즘이 깔려있었다. 휴머니즘humanism은 중세 유럽에서 인간성 회복을 목적으로 발생한 사조이다. 당시 교회의 권위가 한창일 때, 신학적 학문체계에 대항하여 인간성을 탐구하고 부흥시키려는 문예 운동을 말한다. 후에 이 이념은 새로운 과학·기술·물질문명이 합세하여 인간다움을 지나치게 강조하는 자본 인본주의人本主義로 변질되었다.

　인간은 이 기본적인 욕망에 휴머니즘과 자본주의를 덮어씌워 더 많은 것을 소유하고, 더 좋은 것을 소유하고 싶어 전쟁을 치르고, 땅을 빼앗고, 식민지를 만들고, 노예를 매매하는 반휴머니즘을 서슴지 않았다.

　20세기에 들어 미국이 칼로리calorie가 충만한 쇠고기라는 먹거리를 앞세워 새로운 신자본주의를 이끌었다. 그리고 대량의 농작물을 재배하기 위해, 대형 목장의 가축을 기르기 위해, 도시의 확장을 위해 동물들이 살고 있던 숲을 파괴하고, 자본 논리로 사유화하였다.

　지구는 크게 바다의 땅이 있고, 다음이 모래의 땅이고, 그다음이 풀의 땅이고, 다음이 나무의 땅이고, 그 나머지가 인간의 땅이었다. 원래 지구의 본 주인은 풀과 나무였다. 화산재만 날리던 삭막한 지구에 풀이 자라고 나무가 우거져 이산화탄소를 흡입하고 산소를 공급하며 땅을 기름지게 했다.

'나무'라는 말은 15세기 중세 국어에서는 '남ㄱ'이라고 했다. 남ㄱ〉나모〉나무 변이과정을 거쳐 변화했다. '남구, 남긔'라고도 불리며 '나다, 솟다, 생기다'라는 의미가 있다. 나무는 이 땅의 모든 생명을 낳고 키웠다. 그리고 우리의 의식주 모든 것을 제공해 주고 지구를 생명력이 넘치는 곳으로 만들었다.

쉴 休휴는 사람 人에 나무 木 자를 합한 것으로 두 글자가 모여서 비슷한 뜻의 새로운 글자를 형성한 경우이다. 사람이 나무에 기대어 있는 형상을 하고 있는데, '쉬다'는 '몸을 편안히 하다, 눕다, 기대다'라는 뜻이 있다.

한편 '쉬다'는 '공기를 들이마셨다 내뿜는 호흡'을 할 때도 같이 쓰는 말로, '숨 쉬다, 살아 있다'의 息식과 같은 뜻으로 '목숨'의 그 '숨'과도 같은 의미이다. 곧 휴식休息은 '나무에 기대어 편안하게 호흡하다'와 같이 인류의 삶의 원천인 산소와 밀접한 관계가 있다.

이 휴休 자에는 나무가 인간과 동물 생명체들의 호흡에 산소를 공급하고, 이산화탄소와 대기 속의 오염 물질을 빨아들이는 정화 기능이 있다는 것을 암시하고 있다. 그뿐만 아니라, 나무의 뿌리는 토사의 유출을 방지해 주는 기능과 엄청난 수분 저장고 기능이 있다. 물은 가지와 잎을 통해 수증기로 변해 공기의 냉온 조절에 큰 영향을 끼친다.

한마디로 숲은 공기 측면에서는 우리의 산소 공장이며, 이산화탄소와 오염 공기 제거 공장이기도 했다. 그리고 수분 측면에서

는 신선 샘물 공장과 빗물 저장시설 역할을 하며, 인간과 도시의
목숨과 직결되는 중요한 기능을 했다.

내 나무

인류는 풀과 나무가 살지 못하는 곳에는 정착할 수 없었다. 그래서 동서양을 막론하고 오래된 나무를 숭배하는 풍습은 어느 곳이든지 자연스럽게 싹튼 신앙이었다.

우리나라는 환웅이 무리 3천을 거느리고 태백산 신단수神檀樹 아래 내려와 신시를 세웠다는 단군신화에서부터 큰 나무가 등장했다. 큰 나무를 하늘과 인간을 연결해 주는 통로로 우주목宇宙木, 세계수世界樹, 신목神木 등의 매개체로 인식하고 있었다.

꼭 이러한 거창한 국목國木이 아니더라도 전국의 마을 어디에서나 크고 오래된 나무를 심어 당산수堂山樹 수호신으로 삼아 어른으로 대접했다. 국가나 마을뿐만 아니라 사람 1인만을 위한 개인 나무도 있었다. 바로 '내 나무'였다.

예부터 우리 풍습에 아이가 태어나면 아이의 이름을 걸고 나무를 심는 '내 나무' 풍습이 있었다. 딸을 낳으면 집 앞에 오동나무 몇 그루를 심어 딸 나무라 칭했고, 아들을 낳으면 선산에 그 아이몫으로 소나무를 몇 그루 심어 이를 아들 나무라고 칭했다.

아이가 자라는 동안 내 나무를 가르쳐 주어 건강하게 잘 자라도록 특별히 정성을 들여 기르게 했다. 만약 내 나무가 훼손되거나 하면 아이의 운명이 불길하게 된다고 믿어, 내 나무에 대한 주인의식을 높이고 책임지고 돌보도록 교육하였다.

아이는 커 가는 동안 나무가 자라는 것을 보며 교감하고, 이름도 붙여주고, 고민도 나누고, 가지도 쳐 주고, 벌레도 잡아주며 함께 성장했다. 이같이 내 나무는 일종의 탄생 기념수로 아이가 성장하는 것과 같이 자라며 나무와 아이가 서로를 돌보았다.

이러한 내 나무 풍습은 세계 곳곳에서 볼 수 있다. 자메이카에서도 아기가 태어나면 태반을 땅에 묻고 가족과 친척들이 묘목을 심었다. 인도에서도 여자아이가 한 명 태어날 때마다 111그루의 나무를 심는 풍습이 있다. 중국 저장성 리수이 지방의 속담에 이르길 "18년 수목은 재목감이 되고, 18년 후에는 벼슬길에 오르는 성인이 태어난다"라고 하여, 아이를 낳으면 태어남을 축하하는 나무를 심는 풍속이 있다.

항저우시 위항에서도 아이가 태어날 때마다 뜰 한쪽에 한 그루의 비파나무를 심었는데 이것을 동갑내기 나무라고 불렀다. 또 여자아이가 처녀가 되었을 때, 청명 한식에 연모하는 총각이 그 처녀의 '내 나무'에 거름을 주는 것으로 사랑을 표시했다.

흥미 있는 것은 이러한 풍습이 독일에도 있다. 독일의 젊은이도 매년 4월 30일 마음에 드는 이성 집에 나무를 심는 것으로 사랑을 표시했다.

나무가 하늘과 땅을 잇는 역할뿐만 아니라 처녀와 총각을 맺어
주는 중매 역할도 한다는 것이 참 싱그럽다.

십리절반 오리나무 열의갑절 스무나무
대낮에도 밤나무 방귀뀌어 뽕나무
오자마자 가래나무 깔고앉아 구기자나무
거짓없어 참나무 그렇다구 치자나무
칼로베어 피나무 입맞추어 쪽나무
 - 강원도 삼척 〈나무타령〉

딸 나무 오동나무는 가장 빨리 자라는 나무로 생장이 빠르고
병충에게도 강해, 7년 정도만 자라도 장고 통 둘레만큼 자랐다.
그리고 재질이 가볍고 방습에 강해 딸이 시집갈 17살 정도 되면,
충분히 반닫이 정도의 가구를 만들 재목이 되었다. 그 오동을 베
어 장롱을 만들어 혼수로 딸려 보내 엄한 시집살이의 길동무가
되게 하였다.

아들 나무 소나무는 60년을 바라보고 심었다. 아이가 태어날
때 심은 소나무는 그 아들이 성장하여 새집을 지어 제금을 나갈
때, 집을 짓는 가재로 쓰였다. 그리고 인생을 마감할 때 베어다가
관의 재료로 쓰기도 했으니 '내 나무'란 이름이 무색하지 않다.

이렇게 내 나무는 생태계 순환원리인 탄생-생장-소멸, 생명의
근본 원리를 가르치며 나무와 인간의 관계를 이해하고 배려하는

철학 교육의 교재가 되었다.

내 나무는 후손이 나무처럼 건강하게 자라서 사회의 큰 재목감이 되기를 바라는 간절한 부모의 희망을 담고 있다. 그리고 나와 같이 태어나 성장하면서 평생의 벗으로 묵묵히 내 곁을 지켜주다가 죽음까지도 함께하며 저승길의 길동무 역할도 하였다.

소나무와 한민족

이 세상은 기후나 환경에 따라 생김새나 생태적 특성이 다른 다양한 종류의 동식물이 존재한다. 그것은 이 땅에 뿌리를 내리고 사는 수많은 나무도 마찬가지다. 각 민족이나 국가는 자기네 영토에서 오랫동안 운명을 함께해 오고, 민족의 성정과 닮고, 실생활에서 가장 많은 도움을 주는 나무를 국가의 상징으로 삼고 있다.

유럽에는 오크나무가 있고, 지중해는 올리브나무가 있고, 중동에는 종려나무가 있고, 아프리카는 바오밥나무, 일본은 삼나무를 좋아한다. 거대한 땅을 가진 나라도 마찬가지다. 캐나다는 단풍나무 잎을 국기 문양으로 쓰고, 미국은 거인 나무 세쿼이아가 있고, 러시아는 자작나무가 상징이고, 중국은 회화나무를 숭상했다.

한국인의 나무는 누가 뭐라고 해도 소나무가 그 중심이었다. 어미가 태교할 때도 태아에게 솔바람 소리를 들려주었고, 아기를 낳아 금줄을 칠 때도 솔가지를 달았고, 그 아기가 사내아이면 '내 나무'로 소나무를 심어 나중에 장가를 갈 때 그 나무로 집을 지어 주었다. 심지어 죽음을 맞이한 다음 칠성판과 관도 소나무였고, 무덤 주위에도 도리솔을 심어 자손의 번성을 빌었다.

積石爲封, 列種松柏
(돌을 쌓아 봉분을 만들고, 소나무와 잣나무를 심는다)
— 『위지동이전魏志東夷傳』「고구려전」중에서

이논빼미 모를심어 금실금실 영화로세
우리부모 산소옆에 솔을 심어서 영화로세
— 기장 〈모심기 소리〉

우리 생활 공간 자체도 거의 소나무 문화라고 해도 과언이 아니었다. 소나무로 지은 집에 살았고, 솔가지로 불을 지펴 밥을 했고, 관솔로 밤에 불을 밝히고 살았다.

소나무는 곧으면 곧은 대로, 굽으면 굽은 대로 솔잎부터 뿌리까지 쓸모가 있었다. 각종 농기구, 가마, 목기, 제기, 지게, 상여 등 생활 곳곳에 소나무를 다듬어 이용하였다. 송편, 송기떡, 송피떡, 다식, 송화주 등 식재료로도 쓰이고, 소나무 속껍질은 춘궁기에 배고픔을 이기는 구황식품으로 쓰이기도 했다. 그리고 예부터 송화, 송진, 솔잎과 소나무가 죽은 후 5년쯤 되면 그 뿌리에서 나는 버섯의 일종인 복령茯笭은 훌륭한 약재가 되었다.

한국인의 일생에서 누구나 친근하게 여긴 소나무는 떼려야 뗄 수 없는 특수한 관계를 맺어왔다. 특히 정신적 문화 원형질로 끼친 영향은 대단했다.

솔松은 원래 '높다, 최고다, 으뜸' 이라는 뜻하는 수리〉술〉솔 변이를 거쳤다. 우리말의 솔개, 수릿날, 수라상 등이 같은 계열이고, 일본어로 하늘을 뜻하는 [소라], 영어에서 태양을 뜻하는 [솔라]도 그 흔적이다. 특히 몽골인들이 우리나라를 지칭할 때 부르는 [솔롱고스]라는 말에 솔의 흔적이 뚜렷하다.

소나무는 생장 조건이 좋지 않은 엄동설한에도 푸르름을 잃지 않고, 바위틈 같은 악조건 속에서도 잘 자라는 끈질긴 생명력으로 천년송이라 하여 한민족은 예부터 소나무를 가장 으뜸으로 삼았다.

소나무는 사시사철 푸르름을 지켜 절개, 지조, 장수의 상징이었다. 그래서 신랑 신부가 송죽과 같이 곧은 절개를 지키며 살라고 혼례식 초례상에도 소나무를 대나무와 같이 꽂아 주었다.

이러한 생태적 특성으로 소나무는 선비들의 사랑을 듬뿍 받았다. 시서화의 주인공으로 소나무를 그렸고, 가구, 병풍, 도자기, 문방구 등에 장식으로도 등장하였고, 정원의 애완식물로 소나무를 심어 수기하는 표상으로 삼았다. 그리고 소나무같이 절개를 지키다가 죽임도 당했다.

이 몸이 주거가서 무어시 될꼬하니
봉래산 제일봉에 낙락장송 되야이서
백설이 만건곤할 제 독야청청하리라
　　－ 성삼문成三問. 1418~1456/「봉래산가蓬萊山歌」

　성리학에서 절개란 목숨과 바꿀 수 있는 선비의 표상이요, 절
대적 가치였다. 비록 자연물인 소나무이지만 그 모습에 군자의
모습이 잘 투영되어 있어 옛 선비들이 스승으로 삼던 나무였다.
　소나무는 크기에 따라 부르는 명칭이 달랐다. 솔씨를 뿌려 자
라는 어린 솔을 타박솔, 다복솔이라 했고, 부작대기만 한 것을 소
부등小不等, 지겟작대기 정도면 대부등大不等이라 했다. 서까래로
쓸만한 정도면 청장목靑膓木이라고 불렀고, 기둥을 세울 정도로
자라면 황장목黃膓木이라고 불렀다.

　　그 솔이 점점 자라날제 낮이되면 태양받고
　　밤이되면 이슬맞아 다복솔이가 되었네
　　다복솔이가 자라나 소부등이가 되었고
　　소부등이가 자라나 대부등이가 되었고
　　대부등이가 자라나 청장목이 되었고
　　청장목이가 자라나 황장목이가 되었고
　　황장목이가 자라나니 성주님 가재가 분명쿠나
　　이나무 한 주를 베어다가 성주님집을 지어보자
　　－〈동래 지신밟기〉 중에서

특히 다 자란 황장목黃腸木은 목질이 단단하고, 잘 썩지 않는 오랜 내구성이 있고, 강한 항균력이 있고, 아름다운 무늿결이 살아 있어 집을 짓는 건축재로는 최고의 우수성을 인정받았다. 이러한 이유로 소나무는 예부터 국가가 직접 관리하여 소나무의 식목을 적극적으로 권장하였고, 소나무에 대한 금양법禁養法을 두어 엄격하게 관리하였다.

조선 시대에는 금산禁山과 봉산封山 제도를 엄격하게 적용하여 각 도에 명하여 거주지의 소나무를 함부로 벌목하지 말 것을 국법으로 명시하였다. 한 그루를 벤 자는 곤장 100대, 10그루 이상을 벤 자는 곤장 100대에 가족을 변방으로 쫓아 보내는 등 엄한 처벌로 다스렸다.

한국인의 소나무에 대한 사랑은 나무와 인간을 동일시할 정도로 각별했다. 세조로부터 정2품의 벼슬을 받은 속리산의 정이품송도 있고, 사람처럼 토지를 소유하여 엄연히 등기가 되어있어 해마다 세금을 납부하며 장학 사업을 하는 경북 예천의 석송령石松靈 같은 소나무도 있다.

참으로 설명할 수 없는, 정서적으로 우리 민족과 삶을 같이했던 소나무와 인간, 인간과 소나무의 질기고 귀한 인연이었다.

성주신이 된 소나무

집은 추위, 더위, 비, 바람 따위를 막고, 맹수로부터 가족이 안전하게 머물기 위한 시설물을 뜻한다. 사람이든 동물이든 가족이 사는 삶의 공간이요, 생명의 공간이므로 예부터 어느 집이든 집에 수호신격인 신성神性이 깃들어 있다고 믿었다.

대략 6,000여 년 전 서울 암사동 취락지 유적지 등으로 보아 옛 선인들은 신석기 시대까지 기초 주거 형태인 움집을 짓고 살았다. 움집은 선사시대 전반에 걸친 주거 형식으로 땅을 깊이 파서 토벽을 만들고, 그 안에 화덕자리, 저장시설 등을 갖춘 시설물을 말한다.

이때 지붕의 재료가 자연에서 쉽게 구할 수 있었던 키가 큰 딮草, 띠茅, 짚秸 같은 풀 종류들이었다. 이로 인해 딮〉짚〉집 변이를 통해 집家이라는 말이 생성되었다. 중국어에서 집을 뜻하는 家[지에]와 짚을 뜻하는 秸[지에]가 발음이 같고, 일본어에서 집을 말하는 家[이에]도 우리말 '이엉'과 거의 유사한 형태로 모두 '딮/

짚'과 관련이 있다.

이렇게 초기 집은 가장 기본적인 주거 형태로 시작되었다. 수렵과 채집에서 농경사회로 접어들면서 집은 큰 변화를 겪게 되었다. 농사를 짓기 위해 인구가 늘어나고, 농경의 발달로 수확물이 증가하였고, 이를 수용하기 위해 집의 규모는 점점 확대되었다. 그리고 수확물이나 가축을 노리는 적을 방어하기 위해 집단생활을 위한 촌락이 커져갔다.

집 가家를 살펴보면 고대 집의 모양을 따서 만든 글자로, '집 면宀'과 '돼지 시豕'의 상형을 보인다. 이것은 지붕 아래에 돼지가 들어있는 모양으로 고대 집의 쓰임새를 추측할 수 있다.

집의 확장에 기여한 것은 나무와 돌과 흙과 짚이었다. 북쪽 지역은 찬 북풍을 막는 ㅁ자 구조에 겨울을 대비해 온돌을 놓았고, 남쪽 지역은 통풍이 잘되는 ㄴ자 구조에 여름을 대비해 넓은 마루를 두었다. 이같이 지역의 기후 조건에 맞는 쾌적하고 견고한 집을 짓는 건축 기술의 발달로, 빈부에 따라 다양한 형태의 집이 만들어졌다. 움집 형태에서 발전하여 다루기 쉬운 나무를 뼈대로 집을 짓는 기술의 발전은 하이테크놀로지였다. 이러한 초기 귀틀집의 등장은 청동기 시대의 성장을 가져왔고, 본격적인 '집지킴이 시대'의 문을 열었다.

그 집지킴이 신의 이름은 성조成造, 성주였다. 서사무가나 기록에서 가택신들 가운데 가장 최고의 신으로, 집지킴이들을 통솔하고 집안의 길흉화복을 관장하는 성조의 등장은 BC 2333년 단군

왕검이 최초의 국가인 고조선을 건국한 이 시기와 들어맞는다.

홍석모洪錫謨, 1781~1857가 쓴 『동국세시기東國歲時記, 1849』에는 "人家以十月上月 激巫迎成造之神 設餠果祈禱以安宅兆(민간에서 10월 상달에 무당을 데려다가 성조신을 맞이하여 떡과 과일을 진설하고 기도함으로써 집안을 편안히 하였다.)"라고 기술하였다.

이와 비슷한 시기에 난곡蘭谷이라는 사람이 서울 굿의 각 거리를 채색 그림과 간단한 글로 기록한 『무당내력巫堂來歷』이라는 책에서도 성주신과 단군의 실마리를 찾을 수 있다.

> 成造巨里, 檀君時每歲十月 使巫女祀成造家之 意人民不忘其本 致誠時依例擧 俗稱 성쥬푸리
> (성조거리는 단군 시절에 매해 시월에 무녀로 하여금 집을 지은 것을 축하하도록 하였는데, 그 뜻은 인민이 그 근본을 잊지 않도록 함이다. 치성을 드릴 때는 관례에 따른다. 속칭 성쥬푸리라고 한다.)

경기도 일대는 지금도 추수가 끝나는 음력 10월에 가정의 재액을 물리치고 평안과 재수를 기원하는 가을 고사를 올린다. 이를 성주고사, 안택고사, 안택굿이라고 부르는데, 가택신의 황제인 성조 신을 중심으로 터주, 조왕, 장독신, 문간신 등에게 올린다.

대종교 지도자였던 김교헌金敎獻, 1868~1923은 단군에 대한 문헌 자료를 모아 편찬한 『신단실기神檀實記, 1914』에서 이 풍습을 한마디로 명확하게 설명하고 있다.

지금도 민가에서 해마다 10월에 농사일이 끝나면 새 곡식을 큰 시루에 쪄서 떡을 만들고, 여기에 겸하여 술과 과일을 차려서 신에게 굿을 하는 것을 성조라고 한다. 이 성조라고 하는 것은 집과 나라를 이루어 만든다는 뜻이다.

이것은 단군이 비로소 백성들에게 처음 거처하는 제도를 가르쳐서 궁실을 조성하였으므로, 인민이 그 근본을 잊지 않기 위해 반드시 단군이 단목檀木에 내려온 달에 신의 공로에 보답하는 굿이다.

성조成造는 구체적으로 가옥의 건물을 주관하는 신으로 지역에 따라 성주신, 성주城主, 성주星主, 성주대신, 상량신上樑神, 가중황제家中皇帝 등으로 불렸다.

성주는 참 공평한 신이었다. "와가에도 성주요, 초가에도 성주요, 가지막에도 성주"라는 말이 있듯이 부잣집이든, 여염집이든, 까치집이든, 어떠한 형태의 집이 있으면 깃드는 신이었다. 집을 처음 지을 때 상량을 올리면서 성주를 모셨고, 당연히 이사를 한 경우나, 그리고 집안의 가장이 사망하여 가장이 바뀌면 "성주가 떴다."라고 하여 새 성주신을 받았다.

성주신을 모실 때는 지역에 따라 다양한 양상을 보이는데, 10월 상달 중에 날을 잡아서 보통 대주의 나이가 27살, 37살, 47살, 57살, 67살일 때 모셨다. 성주신을 모시는 것을 성주 옷 입히기, 성주매기라고도 하는데, 대주의 나이에 대비하여, 27세는 초년 성주, 37세는 이년 성주, 47세는 중년 성주, 57세는 대성주라고 불렀다.

成造巨里

檀君時 毎歳十月
使巫女祝成造家之
意人民不忘其本
致誠時依例擧
行耳（俗補羽介무리）

— 난곡蘭谷『무당내력巫堂來歷』

이댁성주는 와가성주 저댁성주는 초가성주
하여튼간에 공댁성주 초년성주 이년성주
스물일곱에 삼년성주 서른일곱 사년성주
마지막 성주는 쉬흔일곱이로다
대활연으로 설설이 내리소서
　- 〈성주풀이〉 중에서

　집은 사람이 살기 전에 앞서서, 먼저 집을 잡귀 잡신으로부터 안전하게 지켜주는 수호신인 성주신이 깃드는 곳이었다. 우리 민족은 대대로 살아가는 주택의 뼈대로 기둥, 납장, 중보, 소래기, 상보, 추녀, 연목까지 전부 소나무를 썼다. 그래서 집을 지을 소나무를 구할 때부터 대목장은 신중에 신중을 더했다. 특히 새가 먼저 둥지를 튼 나무는 아무리 근사해도 '새 성주'가 들었다고 절대 베지 않았다.

　대들보용 소나무가 결정되면 대목들은 작은 고사상을 차려 "아무개 집 성주목으로 모십니다."라고 고하고, 극진히 예를 표한 다음 벌목을 했다. 재목으로 쓰인 소나무는 생물학적으로는 죽은 소나무지만, 성주신을 모시는 과정에서 '성주가 머무는 집'으로 재탄생하게 된다.

나무 재단을 하어보자
쓰렁쓰렁 톱질하여
한 토막을 덤벅 끊어

이 집의 기둥 마련하고
쓰렁쓰렁 톱질하여
또 한 토막을 덤벅 끊어
이 집의 납장 마련하고
쓰렁쓰렁 톱질하여
또 한 토막을 덤벅 끊어
이 집의 중보 마련하고
쓰렁쓰렁 톱질하여
또 한 토막을 덤벅 끊어
이 집의 소래기 마련하고
쓰렁쓰렁 톱질하여
또 한 토막을 덤벅 끊어
이 집의 상보 마련하고
– 〈동래 지신밟기〉 중에서

성주풀이의 내용

성주는 집안의 중심인 마루 대들보에 널빤지를 마련하고, 그 위에 한지로 덮은 성주단지, 신줏단지를 모셨다. 단지 안에는 햅쌀이나 나락을 성주의 신체로 삼아 담고, 단지 가에 '성주'라는 이름을 써서 붙이기도 하고, 한지에 엽전을 싸서 둘러 묶기도 했다.

성주풀이는 원래 무속에서 성주굿, 성주받이를 할 때 복을 빌려고 부르는 무가巫歌, 또는 전문 걸립패의 고사 광대가 부르는 고사 소리였다. 이것이 민간에 전해서 보통 정초에 지신밟기나 마지막 김매기가 끝난 후, 장원질놀이를 할 때 소리꾼이 성주풀이를 읊었다.

특히 대청에서 제상을 차려 구체적으로 조목조목 소나무 들보와 추녀 서까래의 근본과 내력을 들어가며 풀이를 하여 이 집의 성주신이 보통 성주신이 아님을 환기하였다.

여루어루 성주야　　　　성주본이 어드메냐
경상도 안동땅　　　　　제비원이 본일래라
제비원에 솔씨받아　　　거지봉산 던졌더니
그솔이 점점 자라나서　타박솔이 되었구나
타박솔이 자라나서　　낙랑장송 되었구나
낙락장송 자라나서　　도리기둥이 되었구나
도리기둥 자라나서　　앞집에 김대목아
뒷집에 박대목아　　　설흔세 가지 연장망태
쇠를닦아 둘러미고　　소산에 올라 소목내고
대산에 올라 대목내고　나무 한죽을 바라보니
동도크고 키도크다　　동남을 벋은가지
서도추야 대도추야　　서그렁서그렁 비여가지고
굽은나무 굽다듬고　　터를닦자 터를닦자
경상남도는 통도사이요　통도사준령을 잡아가지고
뒷산준령을 내리와서　이집터가 되었구나
앞집에 김대목아　　　뒷집에 박대목아
집을짓자 집을짓자

  - 경남 양산/ 〈물금 지신밟기〉 중에서

  성주신에 대한 신화는 여러 편의 이본異本이 전한다. 각 이본마다 내용이 다르지만 공통적인 대략의 내용은 이렇다.

  아주 옛날 천궁 대왕과 옥진 부인은 마흔이 넘도록 자식이 없었다. 그래서 명산대천을 찾아다니며 기자 정성을 들여 아들을 낳게 되었다. 꿈에 도솔천 왕이 나타나 이름은 '안심국', 별호는

'성주'라고 지어주니 부부는 그렇게 하였다.

성주는 어리지만 세상의 이치를 꿰뚫는 총기가 있어 지혜롭게 자랐다. 하루는 인간 세상을 내려다보니, 인간들이 집도 없이 동굴에서 사는 것이 안타까웠다. 그래서 상제에게 고하고 솔씨를 얻어 안동 제비원에 뿌렸다.

한편 성주가 열여덟이 되자 계화공주와 혼인을 했다. 그러나 성주는 결혼 후에 부인을 박대하고 형제간에 반목을 일삼았다.

신하들이 성주가 주색 방탕에 빠져 있다고 주청을 하니, 아버지 천궁 대왕이 크게 노하여 무인도인 황토섬으로 귀양을 가게 되었다. 그 후 성주는 황토섬에서 3년간 온갖 고초를 겪다가 청조새와 관세음보살, 지장보살의 도움으로 마침내 귀양에서 풀려났다.

참회와 반성을 한 성주는 궁으로 돌아와서 동기간에 우애 있게 지내고, 부부 금실도 좋아져 5남 5녀를 낳고 잘 살았다.

나이 70에 들어 예전에 제비원에 심어 놓은 솔씨가 크게 자라 재목감이 된 것을 보고, 자식들을 모두 데리고 인간의 땅으로 내려왔다. 그리고 쇠를 녹여 연장 만드는 법과 솔을 베어다가 집을 짓는 방법을 인간들에게 가르쳤다.

그 후 성주는 집을 지키는 안택신이 되었고, 그의 아들딸은 집 안 곳곳의 오토지신五土地神, 오방부인五方夫人이 되었다.

큰방이나 정침에서 풀이를 할 때, 이러한 내력을 설명하고 안채 곳곳에 여러 정격 신들이 좌정한 공간을 정확하게 짚어 주었다.

모시오자 모시오자 이 집 성주를 모셔오자

한송정 솔을 베어 조그맣게 배를 모아

앞이물에 관세음보살 뒷이물에 지장보살

순풍에 돛을 달아 앞강에다 띄워 놓고

술렁술렁 배를 저어 황토섬을 찾아가서

성주님을 모셔다가 이 집 가정에 좌정할 때

오부토주 장군님은 후원으로 좌정하고

팔만사천 조왕님은 정지로 좌정하고

나무일원 산신님은 명당으로 좌정하고

선망후망 조상님은 옥당으로 좌정하고

구목위소 성주님은 상량으로 좌정하여

금년 해분 계묘에 이 집의 대주 양반

동서남북 다 다녀도 남의 눈에 꽃이 피고

말소리마다 향내 나고 자국자국 운기 주소

울리소 울리소 만대유전을 울리소

잡귀잡신은 물알로 만복은 이리로

– 〈동래 지신밟기〉 중에서

한편 경기 지역의 성주신에 대한 이본은 난관을 극복하여 성주신이 된다는 점은 비슷하나, 내력에 대한 내용이 다르게 전해진다.

천사광씨와 지탈부인 사이에 태어난 황우양씨는 목수였다. 옥황상제의 명으로 천하궁의 성주를 이루려고 집을 비우는데, 그 사이에 소진랑이 나타나 부인을 잡아간다. 그는 돌아와 소진랑으로부터 부인을 되찾는다. 마침내 황우양씨는 성주가 되고 부인은 집안의 지신이 된다.

성주신의 내력에는 공통적인 특징이 있다.

첫째, 성주는 보통의 신이 아니라 단군과 같이 하늘에서 내려왔다는 내용을 담은 천손강림신화天孫降臨神話의 주인공이라는 점이다.

나중에 성조신이 되는 황우양씨는 천하국의 천사랑씨와 지하국의 지탈부인의 아들로 태어났고, 성조는 서천국西天國 천궁대왕天宮大王과 옥진부인玉眞夫人의 아들로 태어났다. 심지어 성죠푸리를 황제푸리, 옥황상제푸리 등으로 부르는 것을 보면, 성주가 황제나 옥황상제의 후손으로 하늘에서 내려왔다는 천손강림의 유력한 증거이다.

이는 시베리아 계통 유목민 신화에서 찾아볼 수 있는 신화소로, 자신들을 보호하는 집안의 우두머리 신이 천제의 후손으로, 자신들이 신에 의해 선택되었다는 우월감의 선민사상選民事想이 깔려있었다.

둘째, 성주는 하나같이 집을 짓는 목수로,

황우양씨도 천하궁의 궁궐을 지었던 유명한 목수이고, 성조도 갖가지 연장을 장만하여 재목을 베어 궁궐과 관사 및 백성의 집을 짓고, 인간에게도 집을 짓고 연장을 만드는 법을 가르쳤다.

이는 수렵과 채집 시대가 끝나고 본격적인 농경의 시작과 정착 문화의 도입으로 촌락에서 발전하여 국가 시대로의 전환기를 의미하고 있다. 청동기와 철기 시대를 당긴 주역은 뭐니 뭐니 해도 쇠를 다루는 대장장이와 나무를 다루는 목수였다.

농업의 발전을 앞당긴 주역도 도구를 만드는 대장장이와 목수였다. 성주의 신체로 햅쌀을 작은 단지에 넣어 모시는 것도 농경의 발전과 관련이 있다. 쌀은 우리의 생명과 연관된 주력 산업으로, 매년 새로운 햅쌀로 성주의 신체를 교체함으로써 안정과 풍요를 비는 신미고사를 올렸다.

셋째, 성조신은 가택신들을 통솔하고 집안의 길흉화복을 관장하는 신으로, 성조 신화에서는 유별나게 부부화합을 강조하고 있다는 점이다.

황우양씨는 막막부인과 처음부터 지극히 부부애가 두터웠고, 성조는 계화공주와 혼인하였으나 박대하고 방탕을 일삼다가 귀양을 다녀온 이후로 크게 뉘우쳤다. 다시 부부 화합하여 십 남매를 낳고 잘 사는 모범을 보여 집안이 안과 태평하기 위해서는 부부화합이 제일이라는 것을 암시하고 있다.

집안의 성주신은 이런 내력을 가진 집지킴이 으뜸 신격이었기에, 각 가정에서는 햇곡식이나 햇과일이 나올 때라든지, 별식이

들어올 때는 꼭 성주께 먼저 천신을 바쳤다. 집안에 제사를 지낼 때도 조상 상보다 먼저 음식을 차려 대우했고, 일 년 열두 달 집안의 모든 액을 몰아내고 안과태평하기를 빌었다.

부조리와 불합리와 부정과 불행이 설치는 위태로운 인간의 터에서 그 잡귀와 잡신을 막아주는 믿음직한 성주신은 참으로 든든한 신격이었다. 이같이 소나무는 성주신의 집으로 살아서도 대접받고 죽어서도 대접받는 한국인의 조상 나무였다.

성주의 고향 안동

경북 안동 이천동은 예부터 소백산을 넘어 충청도와 연결되는 안동의 북쪽 입구로 교통의 요지였다. 그래서 관원들이나 길손의 숙소인 원院이 있어 제비원으로 불렸다. 여기에는 이곳의 상징과도 같은, 고려시대에 조성된 약 13m 높이의 거대한 마애여래입상이 있다. 지정된 이름은 '안동 이천동 석불상'이지만 '안동 제비원 미륵'으로 더 잘 알려져 있다.

몸통은 자연 바위를 그대로 살려 선을 조형한 모습이고 손 모양은 부조로 새겨넣었다. 그리고 머리 부분은 별개의 돌을 조각하여 얹은 것으로, 이목구비가 크고 투박한 모습이다. 이 마애여래입상에는 다음과 같은 전설이 전해지고 있다.

이곳 원에는 부모를 어릴 때 여의고 착실하게 객사의 궂은일을 하며 연명하던 연이라는 착한 처녀가 살고 있었다. 그런데 이웃 마을에 연이를 사모하던 김 씨라는 부잣집 총각이 살고 있었다.

총각이 상사병으로 갑자기 죽어 염라대왕 앞에 섰더니 "네 부모가 인색하여 생전에 지은 복이 없으니 연이 처녀의 공덕을 꿔서 쓰면 다시 살아 돌아갈 수 있느니라." 하였다. 과연 김 씨 총각은 연이의 공덕으로 이승으로 살아 돌아왔다. 그리고 연이에게 재물로 그 공덕을 갚으니, 연이는 그 재물을 인근 불사에 후원했다.

그런데 5년 후 법당이 공중에 나래를 편 것처럼 찬연한 모습으로 완공될 무렵, 안타깝게도 일꾼들 밥을 이고 바위 위로 오르던 연이는 그만 미끄러져 열 길 벼랑 아래로 떨어지고 말았다.

그 혼이 한 마리 제비가 되어 하늘을 날아올랐다. 그때 바위가 갈라지면서 지금의 석불이 생겼다고 한다. 이후에 사람들은 이 절을 연비사燕飛寺, 또는 연미사燕尾寺라 부르고, 연이 처녀가 살았던 곳을 연비원燕飛院, 제비원이라 부르게 되었다.

실제로 제비원의 연미사燕尾寺는 선덕여왕 634년 고구려 승려 보덕普德의 제자 명덕明德이 창건하였다. 연미사라는 이름도 요사채가 풍수상 제비 꼬리 위치에 있다고 붙은 이름이고, 지붕이 제비와 비슷하여 연자루燕子樓라 하였고, 법당은 제비 부리에 해당한다고 하여 연구사燕口寺라 불렀다.

예부터 제비는 해충을 잡아먹고 보은과 가족의 화목을 상징하는 새로, 사람이 사는 집의 처마에 둥지를 짓고 새끼를 기르는 참 친화적인 동물이었다.

〈흥보가〉에서 보다시피 제비는 재물과 부귀와 복을 가져다주는 길조吉鳥로, 제비가 둥지를 틀면 풍수적으로 살기에도 좋은 명당에 해당하는 길지吉地로 여겨 제비와 관련한 지명도 많았다. 서사무가에서는 하나같이 성주신의 본향을 안동 제비원이라고 했다. 그리고 귀양에서 풀려난 성주를 제비원으로 인도하는 새도 제비였다.

'구목위소構木爲巢'란 중국 전설에 유소씨가 새들이 나뭇가지로 둥지를 트는 것을 보고 집을 지었다고 붙은 말로 성조의 상징으로도 쓰였는데, 여기서도 제비와의 인과관계가 보인다.

제비가 다른 곳은 다 제치고 성주신이 지은 인간의 집 처마 밑에 자기 둥지를 짓는 셈이니, 건축적인 면이나 신화적 측면에서 제비와 성주의 친근한 연결 고리를 추측할 수 있다.

성주야 성주네야 성주 근본이 어디메뇨
경상도 안동땅에 제비원이라 본일세
제비원에서 솔씨받어 봉산에 던졌더니
낮이며는 태양받고 밤이며는 이슬맞아
다복솔이 되었네 다복솔이 자라나서
청장목 황장목에 도리기둥이 다 되었구나
  -〈성주풀이〉중에서

단군신화에서 환웅이 무리를 이끌고 천상에서 태백산에 있는 신단수 밑으로 내려왔다. 그래서 한국의 마을 수호신은 모두 마을 입구의 당산나무에 모신다. 이러한 수목 신앙은 오래된 특정 나무에 정령이 깃들어 있다고 믿고, 이를 신성시하여 숭배하는 일을 말한다.

이는 세계 곳곳에 분포하는 시원적인 종교 형태로 특히 한반도와 만주, 몽골, 시베리아 등 동북아시아에서 공통된 신앙으로 두드러지게 나타난다. 서사무가에서 성조신의 본향은 경상도 안동 땅 제비원이라고 한다. 성주신도 경상도 안동의 제비원 소나무를 통해 내려온다. 그리고 집을 짓는 가재는 한결같이 제비원에서 솔씨를 받아 거주지에 있는 봉산에 심어서 그것을 길러 사용한다고 한다.

안동은 예부터 유교문화의 본산으로, 강직한 선비 문화와 학문을 숭상하는 풍습으로 정치적으로나 학문적으로나 그 입지가 튼튼한 고장이었다. 그래서 공자가 태어난 노魯나라, 맹자가 태어난 추鄒나라와 같다고 해서 추로지향鄒魯之鄕으로 불렸다.

퇴계 이황부터 서애 류성룡, 학봉 김성일, 민족시인 이육사까지 수많은 인재와 인물이 배출되었고, 나라가 위태로울 때는 분연히 일어나서 외세에 저항하는 항거의 고장이기도 했다.

선비들은 유독 한겨울에도 푸르름을 잃지 않고 충의와 절의를 지키며 의연하게 서 있는 소나무를 군자의 도리와 선비의 풍모를 닮았다고 학자수學子樹라고 하면서 무척 좋아했다.

백두대간의 허리에 있는 경북 북부지방은 예부터 궁궐이나 관청을 짓는 관재로 쓰이는, 굵고 곧고 잘 썩지 않는 양질의 금강송

- 안동 제비원 미륵

산지로 유명한 곳이었다. 안동도 마찬가지였다. 곳곳에 소나무를 선산에 많이 심으면 자식들이 영화롭게 된다고 문중을 중심으로 소나무 숲이 잘 조성되어 있으며, 주택의 대들보부터 처마 목까지 모두 소나무를 이용하여 집을 지었다.

이러한 문중의 절개와 지조를 상징하는 전설을 간직한 소나무 외에도, 마을 단위로 풍수해를 막거나 지세가 허한 곳에는 소나무로 비보 숲을 조성하여 그 약점을 보완하기도 했다. 안동의 하회마을은 풍수지리상 서쪽 지기가 약하다고 조성한 만송정이라는 비보 솔숲이 유명하고, 3.1 만세운동 때 이 소나무 앞에 사람들이 모여 함께 만세를 불렀다고 만세송으로 불리는 소나무도 그 조형적인 가치가 뛰어나다.

안동시 북후면 신전리 마을 입구에 있는 김삿갓 소나무는 방랑 시인 김삿갓이 인근 석탑사에 들렀다가 지나는 길에 나무 아래에서 잠시 머물고 간 뒤 나뭇가지가 삿갓 모양으로 변하여 그렇게 부르고 있다.

안동시 임하면 천전리의 개호송開湖松 숲은 마을 앞의 농경지를 보호하고 풍수해를 막기 위한 수구막이 숲이며, 소가 누워 풀을 되새김하는 와우형臥牛形의 내 앞 마을 풍수지리상의 모자람을 채우기 위한 비보림裨補林 역할도 한다. 특히 이 숲은 의성 김씨 문중과 마을에서 1615년 함부로 벌채하거나 훼손하지 못하도록 '개호금송완의開湖禁松完議'라는 규약을 만들어 숲을 보호하고 있다.

이러한 환경에서 유독 안동에 소나무와 관련한 송천돈松川洞, 이송천리二松川里, 송현동松峴洞, 송하동松下洞, 솔뫼, 솔밤, 솔티 등과 같은 지명이 많은 것도 이와 무관하지 않다. 심지어 안동 출신의 퇴계 선생은 사군자四君子로 일컫는 매란국죽梅蘭菊竹에서 난초를 빼고 소나무를 대신 넣어 매송국죽梅松菊竹으로 부를 만큼 소나무를 사랑했다.

안동의 제비원에도 지금은 존재하지 않지만, 세조로부터 정3품의 벼슬을 받은 대부송大夫松이라고 하는 우람하고 오래된 소나무가 전설로 전해진다.

예부터 소나무가 벼슬을 받은 사례는 꽤 많다. 그 최초는 진시황의 행차에 비를 피하게 해 준 다섯 그루 소나무이고, 우리나라에도 세조의 가마가 지나갈 수 있게 가지를 치켜들어 준 속리산 정2품 소나무 이야기는 유명하다.

그 외에도 조선시대 연산군이 내린 정3품의 벼슬을 받은 강희맹 집 소나무 전설도 있고, 정조가 내린 정3품 옥관자玉貫子를 받은 남한산성 동문 밖 송암정 소나무 전설도 있다. 고종이 어린 시절에 오르던 소나무가 그리워 정2품 금관자金貫子를 내린 운현궁 소나무도 있다. 이들은 모두 대부송大夫松으로 불리고 있다.

안동 제비원에서 벼슬한 소나무의 내력은 속리산 정2품 송과 비슷하지만, 그 굽히지 않는 충절 면에서는 제비원 소나무가 훨씬 지조 있고 당찬 면모를 보인다.

세조는 수많은 살상으로 천벌을 받았는지 악성종양으로 고생이 막심했다. 그래서 전국의 좋은 온천을 찾아다니며 치료를 하게 되었는데, 하루는 안동의 제비원 앞을 지나게 되었다.

그런데 왕이 탄 어가가 소나무 가지에 걸려 앞으로 나아갈 수가 없었다. 세조는 크게 깨닫는 바가 있어 수레를 내려 소나무를 보고 말했다.

"너조차 내 죄를 꾸짖고 있구나. 내 진정 잘못을 마음 깊이 속죄하노라."

그러자 소나무 가지가 위로 올라갔다.

세조는 즉시 그 갸륵한 뜻을 기리기 위해 통정대부通政大夫라는 벼슬을 내리고 붉은 띠를 둘러 주면서 대부송大夫松이란 칭호를 내렸다.

이렇게 '중생을 구제하여 희망의 세상으로 인도한다는 미륵 사상'과 '풍수지리상 복을 불러온다는 제비형의 길지'와 '그 길지에서 자란 특별한 대부송 소나무'가 모두 맞아떨어져 바로 성주의 본향이자, 소나무의 본향 제비원이 탄생하였다.

실제로 안동 사람들은 미륵불의 어깨 자락에서 떨어진 솔씨야 말로 진정한 제비원 솔씨로, 성주님의 복을 받아 집 짓는 기둥이나 대들보로 쓰면 집안이 흥한다고 굳게 믿고 있다.

성주풀이 발달사

우리에게 널리 알려진 옛 소리 중에는 원래 무가巫歌로 불리다가 민간의 통속민요通俗謠로 정착한 노래들이 많다.

경기굿에서 광대들의 신격인 창부倡夫를 불러서 재수굿을 하는 창부굿에서 불리던 〈창부타령〉도 그렇고, 신령을 불러 찬사를 늘어놓으며 모시는 청배請陪 기능을 하는 〈노랫가락〉과 〈늴리리야〉도 경기 무가에서 유래했다.

소나무 가재에 깃든 성주에게 복을 비는 성주풀이도 무당이 신축한 집에서 새로 성주를 받는 성주굿에서 성주받이를 할 때 부르는 서사무가에서 왔다. 성조풀이, 성조푸리, 성주신가, 성주대감 노래 등 여러 이름으로 불리며 전국적으로 여러 형태의 소리가 전해진다.

첫째, '성주굿' 형태이다.

이는 무당을 불러 제상, 음식, 5명 내외의 반주자를 제대로 차린 굿판을 일컫는다. 중부 지방과 호남은 각 가정 단위의 성주굿을 하고, 동해안 일대는 정월 대보름을 전후하여 연중행사로 마을 단위의 성주굿을 행한다. 서울 경기 지역은 상량식을 할 때나 집을 새로 지었거나 대주의 나이가 27세, 37세, 47세, 57세 되는 해에 집안의 안녕과 만복을 빌며 성주굿을 한다.

> 이댁성주는 와가성주 저댁성주는 초가성주
> 하여튼간에 공댁성주 초년성주 이년성주
> 스물일곱에 삼년성주 서른일곱 사년성주
> 마지막 성주는 쉬흔일곱이로다
> - 〈성주풀이〉 중에서

둘째, '고사告祀소리' 형 성주풀이다.

고사소리는 고사를 지낼 때 하는 소리이다. 고사告祀는 굿보다는 규모가 축소되고 간소화한 형태로 제의성과 유희성이 혼합되어 있다. 마을이나 각 가정의 초청으로 이루어지며, 마을에 우환이 있을 때 치르는 당산고사나 다리를 만들거나 건물을 지었을 때 하는 낙성고사가 있었다.

개인적인 것으로 집을 새로 지었을 때 하는 안택고사나 배를 새로 샀을 때 하는 뱃고사, 잔치를 치를 때 지내는 축원고사가 있었고, 특수하게 사찰 건립을 목적으로 하는 걸공고사 등도 있었다.

이때 부르는 노래가 성주풀이로, 내용은 성주굿과 거의 대동소이하다. 주로 세습이나 강신 전문 무속인이 아니라, 초라니패 같은 창우倡優패나 굿중패 같은 사찰걸립패 등이 그 지역이나 가정에 간단한 축원을 하면서 부르는 세련된 전문 소리이다. 일반적으로 '소원을 빈다'라는 뜻으로 비나리, 비념이라고도 부르고 고사반, 고사염불, 고사덕담이라고도 한다.

셋째, 점을 치는 판수가 읊는 '성조경成造經' 형태이다.

성주굿을 독경자 1인으로 축소 간소화한 무속의식의 일종이다. 판수 1인이 홀로 북이나 꽹과리를 치면서 잡귀를 몰아내고 만복을 기원하며, 성주신을 모시는 성조경을 구송하며 하는 굿이다.

성조경의 특성상 구전으로만 전해졌는데, 1930년 역사학자이자 민속학자인 손진태孫晋泰, 1900~?의 저서 『조선신가유편朝鮮神歌遺篇』에 최초 기록이 있다. 손진태는 경남 동래군 출신으로 19세에 이미 '구포시장 만세운동' 관련으로 투옥하기도 한 일제 항쟁 경력이 있다.

1927년, 일본 와세다대학 문학부 사학과를 졸업하고, 1932년 송석하, 정인섭과 함께 조선민속학회朝鮮民俗學會를 창설하였고, 1933년에 우리나라 최초의 민속학회지인 《조선민속朝鮮民俗》을 창간하였다.

그는 일제강점기의 식민 사관에서 벗어나 문헌 위주의 사관보다 실제 현장조사를 통해 민속학이라는 독자적인 학문을 개척하였다. 해방 이후, 안타깝게도 서울대학교 문리과대학 학장을 지내다가 6.25전쟁으로 납북된 후 행방을 알 수 없다.

그가 채록한 성조경은 당시 경남 동래군 구포에 살던 맹인조합장 최순도崔順道가 읊은 경문이다. '성조城造푸리'로 되어있으며, 한자와 한글 혼용으로 쓰였고, 경문 조의 리듬에 맞게 배열된 귀중한 자료이다.

> 부인 것헤 안지며 왈曰, 부인은 놀나지 마읍소서
> 나는 도솔천궁지왕兜率天宮之王이라
>
> 부인의 공덕公德과 정성情性이 지극至極한 고로
> 천황이 감동하고, 제불諸佛이 지시하사
> 자식 주려 왔나니다
>
> 일월성신정기日月星辰正氣 바다 동자童子를 마련하야
> 부인을 쥬시며 왈曰이
>
> 아기 일홈은
> 안심국安心國이라 지어시며, 별호는 성조씨라 하며
> 무수히 길겨 할 때,
>
> 무정한 풍성風聲 소래
> 부인의 깁힌 든 잠 홀연 꿈을 깨고 보니
> 선관仙官은 간 곳 업고, 촉화燭火만 도도엿다
> ─『조선신가유편朝鮮神歌遺篇』「성조푸리」중에서

넷째, '지신밟기' 형 성주풀이다.

지신밟기는 지역에 따라 뜰밟기, 답정踏庭굿, 마당밟기, 집돌이, 매구埋鬼, 매귀악埋鬼樂, 걸립乞粒, 걸공乞供 등으로 불렸다. 풀이, 풍물, 잡색 등으로 꾸민 패가 마을과 각 가정을 돌며 잡신을 누르는 의례였다. 영남 지역은 이 정초 민속을 '지신밟기'라고 했다. 영남 외 지역은 풀이 사설보다 액막이 풍물이 발달하여 있지만 영남 지역의 지신밟기는 유독 성주풀이가 액막이 풍물보다 발달하였다.

일반적으로 성주굿이나 성조경은 전문적인 무속인이나, 광대, 굿중패, 판수가 주도하는데 지신밟기형 풀이는 마을에서 꾸민 풍물패의 상쇠가 주로 한다. 지신밟기는 정초에 하는 마을굿의 일종으로, 주산과 서낭당 지신과 공동 샘을 울린 뒤에 각 가정을 돌면서 '성주풀이'를 하고, 조왕이나 곳간 같은 부수적인 부정격 신들을 밟는 것이 일반적이었다.

지신밟기 성주풀이의 내용은 천지, 일월, 인간세가 생기고 제비원에서 솔씨를 받아 뿌리고 키우는 것에서 시작했다. 그 후 성주가 좌정할 소나무를 베는 대목부터 재단, 운반, 집터 잡기, 집터 닦기, 집 짓기, 집 고사까지 세세하게 그 광경과 일하는 과정을 묘사하며 명당터임을 강조했다.

> 경상도 태백산 생겼고 태백산 정기가 떨어져
> 낙동강이 생겼고 낙동강 정기가 떨어져
> 동래 금정산 생겼고 금정산 정기가 떨어져
> 이집터가 생겼으니 앞산에 내룡받고
> 뒷산에 주룡받아 이 집터를 잡았으니
> 좌에는 청룡이요 우에는 백호라

좌청룡 우백호에 백자천손 할 터라
– 〈동래 지신밟기〉 '집터 잡기' 중에서

이렇게 집을 다 지은 다음, 큰방에 상을 차려 성주가 좌정하는 과정과 내력을 풀고, 각 처에 담당하는 정격신을 앉히고, 이 집에 만복이 들어오기를 기원했다.

특히 영남 지역의 지신밟기 성주풀이는 성주신에 관한 이야기가 아주 체계적으로 되어있고 제의적 성격이 매우 강하다. 성주신 외에도 조왕, 용왕, 장독지신, 도장지신, 마구간지신, 정낭지신, 삽짝지신, 술지신 등 정격신들에 대한 기복도 상당히 구체적으로 구술된다.

다섯째, '통속' 형 성주풀이다.

이 노래는 성주를 울려 잡귀를 막고 만복을 불러오자고 하는 본래의 서사적인 사설에 "에헤라 만수 에헤라 대신 대활연으로 설설이 내리소서"라고 하는 후렴이 들어가면서 본래의 내용과 전혀 다른 인생무상, 세월무상 등의 가사가 옴니버스식으로 적층하여 통속요로 변한 경우이다.

통속요 성주풀이가 전국적으로 확산한 데에는 1868년 경복궁 낙성식 축하연에서 동리 신재효申在孝, 1812~1884가 각색하고 명창 진채선이 부른 〈성조가成造歌〉가 큰 역할을 했다.

신재효는 경복궁 나성식 축하곡으로 성주풀이만큼 좋은 곡이 없다고 생각했다. 그는 당시 시중에 떠도는 사당패나 창우들이 불러 인기가 좋았던 성주풀이를 편곡, 각색했다. 제목도 '성조푸리'에서 '성조가成造歌'라고 고쳐, 솔씨를 받아 소나무를 키워, 뗏목을 엮어 한강을 따라 삼개나루를 거쳐 경복궁을 짓기까지의 과정을 서사적인 단가로 만들었다.

〈성조가〉는 경복궁 타령과 함께 삽시간에 큰 인기를 얻었고, 경복궁 중건에 동원된 일꾼들에 의해 전국적으로 확산하였다. 이렇게 성주풀이는 본래 성주신에게 가정의 만복을 축원하는 무가 형의 '풀이'에서 대중적인 '유행가'로 자리매김한 것이었다.

1920년대에 이르러 지역적 한계를 뛰어넘은 판소리의 성장과 함께 성주풀이도 남도잡가의 일종으로 대중에게 널리 알려졌다. 사실 명창들은 판소리에 수록되지 않은 노래를 하는 것을 꺼렸다. 무가에서 탄생한 성주풀이는 더욱 그러했다. 하지만 워낙 성주풀이가 인기가 좋아 1925년 5명창 중 한 사람인 김창룡이 '제비표 조선레코드사'에서 '성쥬푸리'라는 이름으로 SP 유성기 음반을 최초로 선보였다. 그 후 일제강점기 내내 십수 명의 명창과 예기들이 앞다투어 성주풀이 음반을 취입하였다.

여기에 불을 붙인 것은 라디오 방송국의 개국이었다. 1927년에 개국한 경성방송 라디오를 통해 성주풀이는 전국적으로 훨씬 대중적으로 보급되었다. 특히 식민지 시대의 암울한 처지에, 조선의 각 가정에 라디오 성주풀이를 통하여 만복이 깃들기를 비는 염원이 작용하기도 했다.

에헤라 만수 에헤라 대신이여, 대활련으로 설설이 나리소서
심양강 당도허니 백락천 어디 가고 비파성이 끊어져, 적벽강을
그저 가랴
소동파 노던 풍월 의구허여 있다마는
조맹덕 일세지웅 이금에 안재재요
월락오제 깊은 밤에 고소성의 배를 매고
한산사 쇠북소리 객선에 둥둥 떨어졌구나
에라 만수야 에루화 에라 대신, 대활연으로 설설이 나리소서
- 김창룡 창 사설

민속예능의 변이와 융합은 어쩔 수 없는, 당연한 일이었다. 성
주풀이가 고정된 형태가 아니라 변화하듯이 성주신을 모시는 법,
성주신의 풀이 등도 시대에 맞게 변이하였다.

보통 성주신은 다 지은 집의 상량에 깃들었다. 주로 대들보에
널빤지를 고정하여 햅쌀을 담은 작은 단지를 얹어 놓고 신체로
삼았다. 하지만 지역에 따라 성주를 모시는 방법이 다 달라서 대
들보 위에 한지를 접어서 흰 실로 매다는 곳도 있고, 술을 올리는
곳도 있다.

심지어 수산업을 하는 사람들도 한지로 만든 종이 성주를 배의
기관실에 두어 '배 성주'로 모시기도 하는데, 어떻게 모시든 그
정성을 중요하게 생각했다. 그래서 성주독의 쌀은 아무리 궁해도
손을 대지 않았으며, 매년 10월 햅쌀을 수확하면 새로 갈아 넣고,
묵은쌀은 다른 사람은 손을 못 대고 가족끼리 밥을 해 먹었다.

성주신은 반드시 한 집에 한 신만 있지, 둘이 될 수 없었다. 마치 대주大主가 가족을 대표하는 사람이듯, 성주는 집안의 여러 제신의 대표 격이었다. 심지어 까치가 둥지를 틀고 사는 나무도 까치 성주가 깃들었다고 집 짓는 가재로 사용하지 않았다.

자식이 제금을 나가 이사하거나 따로 집을 짓고 살 경우는 그 집의 성주를 따로 모실 수 있었다. 하지만 성주신은 그 집안에서 제대로 대접받지 못하거나 집안에 부정한 일이 생기면 그 집을 가차 없이 떠나가고, 집안에 우환이 닥친다고 여겼다.

그리고 명절, 초하루나 보름날이면 여성들이 간단한 제물을 차리고 가족의 안과태평과 운수대통과 무병장수를 빌며 성주단지에 치성을 드렸다. 유교를 받드는 이래로 여성은 제사를 준비만 했지, 참여에서 배제되고 남성이 조상의 제사를 주관하였다. 하지만 가신의 경우에는 여전히 여성들이 그 제의를 주관하였다.

중국에서는 우리의 성주 격인 강태공姜太公이 있었다. 이 풍습이 우리나라로 들어와 상량문上樑文에 '姜太公在此大吉(강태공이 상량에 깃들어 있어 길한 일이 많이 생겨라)', '姜太公在此諸神退位(강태공이 머무르고 있으니 모든 잡귀는 물러가라)' 등을 적는 일도 있었다.

강태공은 BC 11세기 주나라 문왕을 도와 은나라를 멸하고 그 공로로 제나라를 다스려 태공太公이라는 명칭을 얻었다. 학문뿐만 아니라 정치, 경제, 병법, 치국에 뛰어났고, 특히 귀신을 쫓는 신통력이 뛰어나 중국에서는 상량신으로 모셨다.

인간은 참 운명 앞에 연약한 존재이기에, 무한한 절대자에게 기대는 것은 어쩔 수 없는 본성이었다. 그래서 이러한 신앙을 섬김으로써 비로소 마음의 화평을 가질 수 있었고, 보장된 미래와 복을 받는다고 생각했다.

대명당에다 집을 짓고 수명당에다 우물 파고, 아들을 낳으면 효자 낳고 딸을 낳으면 열녀 낳고, 동방삭에 땅을 빌고 강태공에 나이 빌어 선팔십 후팔십 일백육십으로 점지하고 석숭에 복을 빌며 물밥은 흘러들고 비복은 흘러간다. 잡귀 잡신은 물알로 만복은 이리로.
– 〈동래 지신밟기〉 중에서

세월이 흘러 세상이 무섭게 빨리 변했다. 90년대까지 존재했던 성주단지는 흔적도 없이 사라지고, 아파트 단지團地를 신앙처럼 중요하게 받드는 시대에 살고 있다. 그리고 그 시절과 다르게 가옥 구조도 바뀌고 새로운 건물도 많이 생겨, 과거에 연행했던 성주풀이와 맞지 않는 경우도 많다.

그래서 지신밟기를 하는 정월 대보름이면 산업이나 주거지 형태의 변화에 따라 그 환경에 맞추어 즉흥적으로 변이된 풀이를 하는 경우를 흔하게 볼 수 있다.

아들애기 놓거들랑 서울대학 졸업하야 국회의원 매련하고
딸애기 놓거들랑 고이고이 길러내여 정결부인을 매련하고
– 부산 강서

어이여루 지신아 모시자 모시자
성주님을 모시자 경로당 신주를 모시자
이방이라 출입자는 나많은 노인 존경하고
수상수하 분별하여 매사에 조심하고
술을 마시면 적당하게 화투를 치면 장난 정도로
화목하게 지냅시다
- 경남 양산

여여루 지신아 지신밟아 눌루세
이공장에 사장양반 사장복록 하고날때
양부모님 정성으로 사장복록 배울하고
대명당에 집을짓고 소명당에 우물파서
오동나무 봉안가지 석가시준 모서놓고
춘하추동 사시절에 공양천수 올려놓고
대명천지 인간세상 열제왕이 문을열어
- 경북 청도/ 박상호

동구나무 느티나무

입향조入鄕祖는 마을에 맨 먼저 정착하고 개척한 사람을 일컫는다. 어느 마을이든 제일 먼저 정착한 사람이 있었다. 그는 터를 닦아 집을 짓고, 우물을 파고, 논밭을 개척한 사람이었다. 훗날 그 후손들은 마을 주민이 되었고, 입향조는 마을 지킴이가 되었다.

삶의 터를 잡는 일은 언제나 신중했다. 집 지을 터를 잡을 때는 뒤로는 산이 걸쳐 있어 목재나 땔감을 구하기 쉽고 북풍도 막아주고, 무엇보다도 마을 앞으로 농사지을 땅이 넓고, 물이 풍부하면 일단 합격이었다.

이렇게 입주할 터를 확정하면, 입향조는 제일 먼저 마을 입구에 마을을 지켜주는 구심점이 되는 동구洞口나무를 당산나무로 심었다. 마을이 점점 불어나면서 거기에 돌무더기 방사탑防邪塔을 쌓고, 마을 신을 모실 당집인 서낭당城隍堂을 짓고, 점점 자라난 동구나무는 당목堂木이 되었고, 이곳을 당터 또는 당산堂山이라고 불렀다.

당산나무는 예부터 생육이 빠르고 병충해에도 강하고 수명이 긴 느티나무가 주종이었고 팽나무, 소나무 등도 심었는데, 조선시대에 들어와 은행나무도 동구나무로 많이 심었다.

'느티'는 '늘+이'의 합성어로 '늘'은 '늙다, 낡다, 오래되다, 나이 먹다'라는 뜻이고 '이'는 '배미, 새미'와 같이 명사형 어미이다. 결국, 느티나무는 '오래 사는 나무'라는 뜻이다.

이렇게 심은 느티나무는 물만 잘 빠지면 별다른 보살핌 없이도 잘 자라는 수종이었다. 그래서 보통 주변에 자손 나무도 서너 그루가 더 늘어났다. 그렇게 느티나무같이 입향조의 후손들로 이루어진 씨족 마을도 점점 번성해지고, 혼인을 통한 타성바지들도 마을에 들어와 마을은 점점 커갔다. 오래된 느티나무는 입향조의 전설과 함께 마을의 역사를 다 알고 묵묵하게 서 있는 생물학적, 인문학적, 종교학적 신화의 원천으로 마을의 수호신이 되었다.

오래된 나무는 천문을 읽을 수 있었다. 청송 파천면 신기리에는 인동 장씨 시조가 심었다는 350살의 느티나무가 동구나무다. 마을 사람들은 지금도 이 나무를 할배, 어르신이라고 부르며 섬긴다.

봄이면 마을 사람들은 나무에서 피는 잎의 모양을 보고 그해의 길흉을 점쳤다. 밑가지와 윗가지 잎이 동시에 피어나는 해는 풍년이 들고, 어느 한쪽이 먼저 피면 흉작이 오고 마을에 우환거리가 많아진다고 짐작을 했다.

어린 시절, 느티나무에 올라타고 가지를 꺾는다든지 하는 재작을 부리면 어른들의 불호령이 떨어졌다. 그래서 마을마다 동구나무 가지를 낫으로 쳐서 땔감으로 쓴 바람에 노여움을 받아 급사를 했다는 등 하는 전설이 꼭 하나씩 있었다.

느티나무는 한 마을의 역사나무였다. 우리나라에는 현재 1,000살이 넘는 느티나무가 25그루 있다고 한다. 기장군 장안읍 장안리에 있는 느티나무는 수령이 무려 1,300살로 원효대사가 척판암을 지을 때 문무왕이 식수를 했다고 한다. 또한 8세기 때 신라 애장왕이 지나다가 이 나무 아래서 쉬어 갔다고 전해지니, 이 나무의 긴 역사에 위엄이 느껴진다.

의령군 유곡면 세간리 500살 느티나무는 임진왜란 당시 곽재우 장군이 그 나무 아래에서 북을 걸고 의병훈련을 시킨 곳이라 현고수懸鼓樹라는 이름이 붙었다. 보은군 수한면 차정리의 720살 느티나무도 비슷한 이야기가 있다. 임진왜란 당시 의병장 조헌과 700 의사가 왜군과 싸우다가 이 나무에 말을 매고, 군사들과 휴식을 취했다고 전해진다.

여루여루 지신아   성황지신을 울리자
비나이다 비나이다   성황님전 비나이다
우리마을 지켜주소   우리동네 살펴주소
금년내내 지켜주소   삼백육십일 살펴주소
모진질병 막아주소· 모든재난 막아주소
순풍년이 들게하소   태평성대 마련하소

화애동참 하게하소   협동단결 하게하소
건너마을 저동네는   울상대상 되드래도
우리마을 이동네는   웃음꽃이 피게하소
농사에는 풍년들고   우마육축 무병하소
집집마다 경사나고   사람마다 소원성취
선보님은 과거하고   마나님은 생남하소
도련님은 장가가고   큰애기는 시집가소
사람마다 건강하고   안과태평 이룩하소
비나이다 비나이다   풍년마을 비나이다
비나이다 비나이다   태평마을 비나이다
잡귀잡신 범접말고   성황님이 좌정하소
잡귀잡신 물러가고   만복은 이리로
― 경남 양산/ 〈성황당 지신밟기〉

느티나무는 입향조 할아버지를 닮았다. 아무리 수염을 당기고 목에 올라가고 상투를 잡고 흔들고 그네를 매달아 타도, 그저 빙긋이 웃고 있는 할아버지였다. 느티나무는 특히 옆으로 퍼지는 반경이 넓어 시원한 그늘과 바람을 제공하여 정자나무라고 부르기도 했다.

여름이면 아이들의 놀이터도 되고, 겨울 빼고 마을의 대소사를 의논하는 소통 공간이 되기도 했다. 단오에 여성들이 뛰는 큰 그네도 매고, 남성들의 씨름판도, 윷놀이판도, 콩쿠르 대회도 그 아래서 펼쳐졌다.

변변한 놀이터라는 것이 없던 어린 시절, 동구나무는 그 자체로 놀이터였다. 여자아이들은 느티나무 아래 비밀 구멍에 가지고 놀던 콩돌을 숨겼다. 사내아이들은 느티나무에 외줄을 매고 타잔 놀이를 했고, 그것이 시들하면 느티나무에 누가 높이 올라가나 내기를 걸기도 했다.

나무에서 떨어지기도 했다. 요즘 같으면 난리가 났겠지만, 동구나무 아래는 수백 년간 낙엽이 쌓여 푹신했고, 한 참 해봐야 박이 터지는 정도였다. 신기한 일이었다. 어른들도 별로 놀라지도 않았고 쑥을 뜯어 돌로 찧어서 발라주면 치료 끝이었다.

"요 있는 아재들치고 거기서 안 떨어진 사람 없다. 다 골매기 할배, 할매가 잘 보살펴 주는 탓이라."

우리나라 동남 해안지역의 마을에는 골매기 신앙이 있었다. '골'은 마을을 뜻하고, '매기'는 '막는 이'로 마을에 액운이나 부정이 들어오는 것을 막는다는 뜻이다. 정월 대보름에는 온 마을 사람들이 동구나무 아래에 모여서 새해의 만복을 비는 골매기 동제를 지냈다.

이 골매기 동제의 주체로 모시는 분이 바로 입향조였다. 그리고 입향조의 혼백은 당산나무에 깃든다고 인식했다. 마을 사람들은 느티나무를 당산나무, 동구나무, 정자나무로 부르며 곧 골매기 신격으로 여겼다. 그리고 느티나무를 골매기할배, 골매기할매 또는 입향조의 성씨를 따서 골매기 김씨 할배, 골매기 손씨 할매라는 식으로 불렀다.

당산나무가 한 곳에 두 그루일 때는 같이 모시고, 마을이 큰 경

우에는 웃당산, 아랫당산으로 나뉘어 할배, 할매를 따로 모시는 경우도 있었다. 이같이 입향조는 인간이지만 마을의 동제신으로 신격화되었고, 그 신체는 느티나무로 삼았다. 그리고 마을을 지켜주는 신령스러운 신목神木으로 신성시되었다. 느티나무가 마을 공동체의 중심이었다는 증거는 얼마든지 있다. 예부터 느티나무를 한자어로 괴목槐木이라고 했다.

충북 괴산槐山은 느티나무로 인해 얻은 이름이다. 이곳은 소백산 북쪽 줄기로 오래된 느티나무가 많았다. 현재도 300년 이상 된 느티나무가 50그루가 넘을 정도로 느티나무의 본고장이다.

606년(진평왕 28) 신라의 장수 찬덕讚德이 이 지역의 현령을 하고 있을 때 백제 대군이 침입하게 된다. 신라군은 중과부적으로 100여 일을 포위된 채 싸우다가 군량이 바닥나 항복 직전에 이르게 되었다. 이에 찬덕은 비분강개하여 "죽어서라도 이 성을 꼭 회복하겠다."라는 유언을 남기고 느티나무에 머리를 부딪쳐 자결하고 말았다.

이런 연유로 8세기 신라 경덕왕 때부터 이 지역을 느티나무 괴槐 자를 써서 괴양槐壤, 고려 시대에는 괴주槐州로 불리다가 조선 태종 때부터 괴산槐山으로 불렀다. '괴정槐亭'이라는 마을 명칭이 부산, 대전, 곡성, 순창, 청송, 포항, 청주, 김해, 안동 등지에 지금도 산재해 있는 것을 보면 느티나무의 위상을 알 수 있다.

그렇게 동구나무 느티는 그 자리에 서서 고려의 건국, 몽골의 침략, 조선의 건국, 임진왜란, 병자호란, 조선의 멸망, 일제 강점,

민족 분단, 6.25전쟁을 굽어보았다. 그 위에 올라타던 아이가 어른이 되고 나이가 들어 상여를 타고 황천을 가는 길에 마지막 노제를 지내며 작별을 하는 곳도 바로 느티나무 아래였다.

나무 木과 연관된 '人+大' 글자를 보면 예부터 사람들이 나무를 어떻게 인식했는지를 엿볼 수 있다. 먼저 나무 木은 뿌리를 땅에 내리고 가지가 사방으로 뻗친 나무 상형으로 [목]이라 했다. 사람 人 자는 인간이 팔을 내리고 있는 모습을 그린 것으로 사람을 뜻하는 글자로 [인]이라 했다.

이처럼 人/大/木의 유사한 상형은 사람이 나무를 심고, 사람이 죽어서 그 나무에 혼이 깃들고, 그 나무가 다시 사람을 키우는 인간과 나무와 신의 상관관계를 잘 나타내고 있다.

느티나무는 동구나무로서, 당산나무로서, 정자나무로서 하늘과 땅을 연결하고, 과거와 현재를 연결하고, 사람과 사람을 연결해 주면서 오랜 세월 동안 묵묵히 이 자리를 지켜온, 마을의 타임캡슐이었다.

공부나무 은행나무

나무 중에 은행나무만큼 그 의미가 뚜렷한 나무는 없다. 공자가 은행나무 아래에서 제자들을 가르쳤다고, 학문을 닦는 곳을 '은행나무 아래에 쌓은 교단'이라는 뜻으로 행단杏壇이라고 칭했다.

은행나무는 공자의 유교 사상을 상징하는 이미지로, 학문을 닦고 정신수양을 한다는 의미로 주로 향교나 서원 같은 강학 공간에 많이 심어 목적이 선명한 나무였다.

> 孔子游乎緇帷之林 休坐乎杏坛之上 弟子讀書 孔子弦歌鼓琴
> (공자가 숲을 유유히 거닐다가 행단에 앉아 쉬었다. 제자는 책을 읽고 공자는 시를 읊으며 거문고를 연주하였다.)
> ― 『장자莊子』 「어부」편 중에서

조선은 유학을 국시로 삼고 공자를 숭상하는 나라였다. 그래서 각 고을의 기초 교육기관인 향교나 서원에서부터 최고 교육기관

인 성균관까지 모두 암수 두 그루 은행나무를 심었다. 은행나무는 유생이 공자의 사상을 받들어 수양을 쌓는 곳인 동시에, 성현에 대한 제를 올리는 신성한 공간임을 알리는 표식 역할을 하였다.

은행나무의 뿌리가 튼튼하고 잎과 가지가 거대하듯이, 공부하는 유생들도 이를 본받아 학문의 기초를 튼튼하게 잘 닦으라는 가르침을 주는 공부나무였다.

전남 해남 윤씨 종택인 녹우당 앞마당에는 수령이 500년 된 은행나무가 있다. 입향조 윤효정이 아들의 진사시 합격을 기념하기 위해 심은 것으로, 후손들에게 유학 공부에 힘쓰고 군자의 절개와 기상을 가지라는 뜻이 있다.

은행銀杏은 씨가 은빛 살구같이 생겼다고 붙여진 이름이다. 공자의 나무라고 공손수公孫樹, 행자목杏子木이라고도 하며 잎이 오리발을 닮았다 하여 압각수鴨脚樹라고도 했다.

咫尺潺湲池 지척 연못에서 물줄기 졸졸 흐르는데
分明五曲流 분명히 다섯 구비로 흘러가네
當年川上意 옛날 공자께서 물가에서 말씀하신 뜻을
今日杏邊求 오늘 은행나무 아래서 구하는구나
   - 김인후金麟厚, 1510~1560/「杏陰曲流행음곡류」

은행나무는 암수가 분명하고 병충해에 강하고 화석이라는 별호가 붙을 만큼 수명도 길다. 특히 생장하는 속도도 빨라 수십 년만 지나면 거목이 된다. 특히 가을이 되면 잎이 황금빛을 띠며 그 모습도 장관이라, 꼭 공부하는 선비들 곁이 아니라 우물가에도 심고 마을의 당산나무, 가로수, 근대 학교의 교목으로 심기도 했다.

은행나무는 숲속보다는 우리 주변에 경관수로 많이 심어져 참 친숙한 나무다. 그래서 우리 사는 곳곳에 은행나무길, 은행동, 행정리, 행단리 같은 지명을 남겼다.

은행나무 전설

은행나무는 예부터 특유의 장수성과 영험성을 기반으로 마을 사람들의 수호신과 정신적 지주 역할을 했다. 전국의 은행나무 노거수들은 많은 전설과 역사적 사실을 품고 있다.

동양에서 제일 오래된 양평 용문사의 은행나무는 수령 1,110살로, 세종 때 종3품이라는 품계를 받을 만큼 수관과 수령을 자랑한다. 이 나무는 그 오랜 세월을 살아온 만큼 많은 전설을 간직하고 있다.

신라 마의태자가 망국의 한을 안고 금강산으로 가던 도중에 심었다는 설과 신라 고승 의상대사가 지팡이를 꽂은 것이 이 은행나무가 되었다는 전설도 있다. 둘 다 얼핏 1,080년과 1,330년 전의 일로 생몰연대와 나무의 수령이 비슷해서 어느 이야기든 진실은 나무만이 알 일이다.

강화도 전등사 은행나무는 호국 신목으로 병인년 프랑스 함대 강화침공 때에도 울었고, 1875년 일본군함 운양호 포격 사건, 강화도 조일 수교조약이 맺어지던 때도 울었다고 한다. 서울 방학동의 870살 은행나무는 고려 시대부터 그 자리를 지킨 나무로, 국가에 좋지 않은 불운한 일이 생길 때마다 불이 난다는 전설이 전해지고 있다.

인천 장수동에도 백여 명은 넘게 앉아 쉴 수 있는 800살의 거대한 은행나무 수호목이 있다. 예부터 매해 음력 7월 1일 마을의 안녕과 풍요를 비는 도당제를 지낸다. 특히 이 마을은 이 은행나무를 신성시해서 은행나무 잎이나 열매를 가져가면 벌을 받는다는 속설이 전해진다.

경북 칠곡의 각산 마을에는 1,000살 은행나무 당목이 있다. 먼 옛날 마을로 시집온 어느 새색시가 이 은행나무에 자신의 고민을 털어놓았더니 고민을 해결해 주었다는 말이 전해지면서 '말하는 은행나무'로 불리고 있다.

보은군 석화리의 수호신 540살 은행나무는 울음으로 마을에 변고를 알리는 신비한 나무로 알려져 있다. 2일간 울면 마을에 변고가 생기고, 3일간 울면 그해 농사가 흉년이 든다고 한다.

함양군 서하면 운곡리 800살 은행나무는 마을의 입향조가 심은 나무로 마을 주민뿐만 아니라 군민 전체의 추앙을 받는다. 풍수지리상으로 배 형상인 운곡마을의 돛대 역할을 하는 것으로 알려져 있다. 해마다 정월 대보름에 마을 사람들 주최로 제법 큰 은행나무 고사제를 지낸다.

은행나무를 누가 심었는지 이력이 뚜렷한 나무도 있다. 울주군

두서면 구량리의 수호목인 600살 은행나무 앞에는 '漢城府判尹 竹隱李公追墟碑한성부판윤죽은이공추허비'라고 적힌 비가 서 있다.

조선 시대 이지대李之帶가 단종이 즉위하던 1452년 수양대군에 의해 나라가 어지러워지자 벼슬을 그만두고 낙향할 때, 한양에서 가지고 온 은행나무를 자기 집 후원 연못가에 심었던 것이라고 한다. 언제부터인가 이 은행나무에 치성을 드리면 아들을 낳는다는 전설이 전해져 기자목祈子木 역할을 톡톡하게 하기도 했다.

은행은 약재이면서 고급 식품 재료였기에 주요 공물 목록이었다. 그래서 수확량을 초과해서 공출을 요구하는 관리들의 수탈에 대한 저항으로 은행나무가 승려와 백성들의 편을 들어준 전설이 여러 곳에서 전해진다.

강화도 전등사에는 500살 수령의 은행나무 두 그루가 사찰의 수호 신장으로 서 있다. 원래 이 은행나무는 암수 나무가 서로 마주 보고 정답게 서 있어 열매가 해마다 다섯 섬은 거뜬하게 나왔다.

조선 후기 철종 때의 일이다. 강화도에 살았던 철종이 향수를 못 잊어 강화도 음식을 자주 찾았다. 조정 관리들은 전등사에 명하여 은행 열 섬을 공출하라고 하였다. 관리들의 횡포 소식을 들은 백양사 고승 추송이 기도를 하였더니, 그 뒤로는 은행나무가 꽃은 피는데 열매를 맺지 않아 스님들의 공역을 덜어 주었다고 한다.

그리고 그 부근의 정족산성 은행나무도 탐관오리의 수탈로부터 백성들을 지켜준 수호 신목이다. 세도 정치가 극성을 부리던 조선 후기, 새로 부임한 강화 유수는 이 은행나무에 얼토당토아니한 핑계를 대고 소출보다 훨씬 많은 공물을 강요하였다. 이 은행나무도 그 후부터는 두 번 다시 은행이 열리지 않았다고 한다.

은행나무와 관련한 설화가 전설이 아닌, 역사적 사실로 오늘날에도 이어지고 있는 곳도 있다. 분단의 아픔은 사람들만 겪는 것이 아니었다. 강화 볼음도는 최북방 한계선으로 북한의 황해도 연안 지역과 6km밖에 떨어지지 않은 곳이다.

이곳 해안가에 북한 황해도 연안을 애타게 바라보며 슬픈 듯이 서 있는, 800살이 넘은 황해도 출신 은행나무가 있다. 원래 이 은행나무는 황해도 연안에서 암수 부부 나무가 같이 살았는데, 어느 여름날 큰 홍수가 나는 바람에 남편 은행나무가 이곳 볼음도로 떠내려와서 정착하였다고 한다.

그 후 볼음도 어부들과 연안의 어부들은 오랫동안 마을의 전통으로 정월 풍어제를 같은 날에 지내주다가 전쟁과 분단으로 중지되었다고 한다. 이것은 전설이 아니라 실제로, 아내 은행나무가 황해도 연안 호남리에서 보호를 받고 있다. 이데올로기가 뭔지 부부 은행나무마저 이산의 아픔을 겪게 하는 것이 씁쓸하다.

그 밖에 "나무에 도끼질하니 피가 났다더라.", "나무를 훼손하면 해를 입는다더라.", "정성으로 빌면 아들을 낳는다더라."와 같은 신격 전설은 기본이었고, "전염병을 막아준다더라.", "홍수에 사람을 구했다더라.", "학정을 하는 탐관오리를 혼을 냈다더라."

하는 전설도 있다. 그리고 국가의 운명을 같이하여 "나라에 큰일이 나면 울음을 운다더라.", "나라에 변고가 나니 가지가 부러지더라."와 같은 국가 수호 전설이 전해진다.

한 계절을 장렬하게 마감하며 샛노란 잎을 쏟아붓는 은행나무 아래에 서면 누구나 감성이 충만한 시인이 된다. 예부터 은행잎은 방충, 방부 효과가 뛰어나 유생들도 서책에 노란 은행잎을 끼워 넣었다.

순흥 압각수의 슬픈 기억

영주시 순흥면에는 잎의 모양이 오리발을 닮았다고 압각수鴨脚
樹라고 불리는 600살 은행나무가 있다. 이 압각수 은행나무는 조
선 500년에서 가장 비극적인 역사적 사실을 간직하고 있는 나무
이다.

1453년 계유정난이 일어나고 수양대군은 조카인 단종을 상왕
으로 몰아내고 왕위를 찬탈했다. 이에 1456년 성삼문, 박팽년 등
은 세조의 친동생인 금성대군錦城大君과 공모하여 단종 복위를 시
도하였다. 금성대군은 세종의 여섯째 아들로 당시 28세였다.

하지만 왕위 찬탈에 대한 1차 항거는 실패하고 말았다. 수백
명이 도륙을 당했고, 금성대군은 왕족이라 목숨을 부지하여 지금
의 영주인 순흥도호부順興都護府로 유배를 가 위리안치되었다.

순흥은 이곳 출신의 안향安珦이 성리학을 일으킨 고향으로 선
비들의 충절 정신이 뿌리 깊게 살아있는 곳이었다. 금성대군은
1457년 여기에서도 순흥부사 이보흠李甫欽과 순흥 사람들의 호응

으로 단종을 모셔다 복위시키려는 거사를 다시 시도하다가 고변으로 실패를 하고 말았다. 이에 세조는 단종 복위운동을 도운 순흥을 역모지라고 하여 지명을 없애버렸다.

그해 여름, 안동부의 관군과 한양에서 파견한 철기군은 순흥도호부 관속을 모두 죽이고 관아를 불태웠다. 그리고 순흥의 삼십리 안에 사는 모든 사람들을 다 죽이라는 명을 내려, 금성대군과 이보흠뿐만 아니라 주민들 300여 명을 무참하게 척살하였다.

이른바 한 고을이 몰살당하는 정축지변丁丑之變이었다. 그로 인해 지금도 영주시 안정면에는 그때 척살당한 사람들의 피가 죽계천을 따라 십 리를 흐르다 멈춘 곳이라고 피끝이라는 지명이 남아있다.

한편 관군을 피해 산속으로 숨어든 사람들은 살기 위해 도토리나 메밀로 묵을 만들어 연명하였다. 이 음식이 참 아이러니하게도 오늘날 순흥의 명물 묵밥이 되었다. 그리고 이러한 참혹한 일이 벌어진 순흥 청다리 밑에서 부모의 시신을 잡고 울고 있는 고아들을 데려와서 길렀다고 "다리 밑에서 주워왔다."라는 말이 생겨났다.

금성대군이 위리안치되었던 마을은 관군들이 그 흔적을 없애고자 곳곳에 불을 놓으며 압각수에도 불을 질렀다. 이러한 참담한 현장을 그대로 목격하고 마을과 같이 불에 탄 은행나무는 그날 이후, 봄이 되어도 죽은 듯이 싹을 틔우지 않았다.

이후 순흥 사람들 사이에 미래에 있을 일을 미리 예언이라도

하듯이 누가 만들었는지도 모르는 이런 참요讖謠가 몰래 불렸다.

鴨脚復生順興復　압각수가 다시 살아나면 순홍이 회복되고
順興復魯山復位　순홍이 회복되면 노산이 복위된다
　－ 이익1681~1763/『성호사설星湖僿說』중에서

이렇게 224년이 지나고 아무도 그 당시의 사건을 입에 담지 않았고, 기록으로도 남기지 못하고 구전으로 전해져 전설이 되는 듯했다. 1683년 숙종조에 와서야 단종이 복위되었고, 입에 담을 수도 없었던 순흥도호부라는 이름을 다시 회복하였다. 그리고 1719년이 되어서야 정축지변으로 순절한 금성대군을 비롯한 이보흠과 순흥 선비와 백성들의 충절을 추모하는 제사를 올릴 수 있었다.

그때 놀라운 일이 벌어졌다. 참요의 예언같이 불에 태워지고 갈라진 깊은 상처를 간직한 몸으로, 200년 동안 죽어 있었던 은행나무 압각수가 새잎을 피운 것이다. 지금도 이 압각수는 순흥 사람들의 지극한 보살핌을 받고 있다.

우리서로 만날적에 천만년을 살겠다고
서로언약 하였지만

내가 명이 다하여서
나는 지금 가오마는 지금 비록 먼저가나
당신정분 잊으리오

내가 지금 가거덜랑
아들딸들 보살피며 내가 비록 못한교육
당신이 도맡아서 선남선녀 되게하소
— 순흥 〈상여 소리〉

학자수 회화나무

예부터 선조들은 집 안에 심는 나무도 따져서 심었다. 일반적으로 벚나무, 매화나무, 자귀나무, 동백나무, 구기자나무, 감나무, 대추나무는 모두가 앞다투어 집 안에 심는 나무였다.

그렇다고 모든 나무가 정원수나 경관수로 환영을 받은 것은 아니었다. 나무나 꽃, 열매에 대한 상징적 이미지로 인해 집 안에 심는 것을 금기시하는 나무도 많았다. 복숭아나무는 도화桃花라고 하여 꽃도 이쁘고, 복숭아도 천도天桃라고 하여 신선이 먹는 과일로 알려졌지만, 집 안에 심지 않았다. 도화의 화려한 색은 살을 불러와 집안 여자가 바람이 난다는 속설이 있고, 귀신을 쫓아내는 성질이 있어 봉제사를 기본 윤리로 삼는 조선 시대에는 환영받지 못하는 나무였다.

오래된 버드나무도 비 오는 밤에 도깨비들이 나온다고 집 안에 심지 않았다. 특히 능수버들은 초상이 나서 머리를 풀어헤친 모양이라 불길해서 더욱 꺼리는 나무였다.

동백나무는 양반들이 집 안에 안 심는 불문율이 있었다. 동백 꽃은 다 좋은데, 꽃이 질 때 목이 통째로 떨어지는 성질이 있었다. 이것이 흡사 목이 잘려 나가는 형상이라 권력가인 사대부 집에서는 절대 심지 않았다.

반면에 엄격한 신분 사회였던 조선에서는 양반 집에만 심을 수 있는 나무가 따로 있었다. 심지어 품계에 따른 제한 수목이 정해져 있었다. 능소화는 중국에서 들어온 나무로 장원급제, 벼슬의 상징이라 양반꽃이라 불리며 양반댁에서만 심을 수 있었다. 만일 상민이 집에서 능소화를 키우다가 들키면 관가로 끌려가 강상죄로 곤장을 맞는 큰 화를 입었다.

회화나무도 상민의 집에서는 심을 수 없는 금지목이었다. 이 나무는 과거에 급제하여 높은 벼슬에 오른 집에서만 심을 수 있어 학자수學者樹라고 하기도 했다.

회화나무를 길상목으로 지극하게 받들기 시작한 것은 주나라 (BC 1046~BC 771) 때부터였다. 주례의 법도대로 주나라 조정은 '삼괴구극三槐九棘'이라 하여 궁궐에 세 그루의 회화나무를 심고, 좌우에는 각 아홉 그루의 가시나무를 심게 하였다.

이에 삼정승은 세 그루 회화나무를 마주 보며 앉게 했고, 고위 대신들은 아홉 그루의 가시나무를 보며 앉게 하여 정사를 돌보았다. 이 때문에 삼공을 회화나무 괴槐 자를 써서 괴위槐位라 했고, 그 집안을 괴문槐門이라 했다. 삼공이 벼슬을 마치고 물러날 때도 집 안에 회화나무를 심어 그 이름을 빛나게 하였고, 나중에 무덤에도 회화나무를 심었다.

그리고 회화나무의 생태에 맞추어 7월 여름, 꽃이 피는 시기에 진사시 과거 시험을 치렀는데, 이를 괴추槐秋라 불렀다. 회화나무는 이같이 벼슬 등용문과 관련한 나무라고 학자나무, 출세나무로 불리며 과거급제, 등용문, 선비를 상징하는 나무로 굳혀졌다.

회화나무는 한자로 괴목槐木, 꽃을 괴화槐花라고 했다. 우리나라는 이 괴槐를 느티나무와 혼용해서 쓰는데, 중국에서 괴槐는 회화나무만을 뜻하고, 느티나무는 거欅라는 한자가 따로 있었다.

이 괴槐의 중국 발음이 [화이]라서 우리나라에서 회화, 홰, 호야라고 부르게 되었다. 한편 괴槐를 파자하면 목木+귀鬼로 '귀신을 쫓고 복을 불러오는 나무'라고 하여 행복수라 부르기도 했다. 그래서 민간에서는 회나무 열매나 꽃으로 노란 물을 들인 괴황지槐黃紙를 부적 종이로 썼다.

조선조가 들어서며 초기 궁궐의 설계자였던 권근權近, 정도전鄭道傳 등이 유교 중심 정치 체제를 구축하기 위해 『주례周禮』를 참고하였다. 그리하여 주나라의 법도가 그대로 전해졌고, 회화나무는 이러한 정치적인 의도로 전국적으로 급속하게 확산하였다.

조선의 한양은 14세기에 건설한 신도시였다. 창덕궁 주변은 조정 관료들이 집무하는 관청이 배치된 곳이었다. 이곳은 주周나라 왕실의 관직 제도를 기록한 『주례周禮』의 관례에 따라 회화나무 수 그루를 심었다.

회화나무는 궁궐뿐만 아니라 문묘, 관아, 향교, 서원 등에 심었다. 국가의 동량을 길러내기를 기원하는 나무로 임금이 직접 하사하는 귀한 나무였다. 전국의 명문가 집안이나 관아, 향교 서원 등에 남아있는 회화나무가 모두 600살 이내인 것을 보면 이를 추증할 수 있다.

조선 시대에는 장원급제 어사화로 쓰이기도 하고, 퇴위하는 재상들에게 주어 집 안에 심게 하였다. 그 후 회화나무를 심으면 큰 인물이 가문에서 탄생한다고 하여 양반 사대부 가문의 길상목으로 발전하였다. 특히 정신 차리라고 공부를 게을리하는 학동들 종아리를 치는 회초리도 이 회화나무 가지로 만든 데서 나온 이름이다.

그런데 유학의 정신세계를 상징하고, 왕권을 상징하는 최고의 회화나무라고 해서 마냥 좋은 것은 아니었다. 충남 서산에 있는 해미읍성 관아 터에는 호야나무라고 불리는 300살 회화나무 한 그루가 서 있다. 1790년 정약용이 28세 때, 생애 첫 번째 유배를 이곳으로 왔을 당시 '70살 울창한 회화나무'라고 기록한 그 나무다.

이 나무는 기구하게도 1866년 병인박해 당시에 내포 지방 천주교 신자들을 고문하고 처형한 가슴 시린 기억을 간직하고 있다. 당시 관헌들은 옥사 앞에 있는 이 나무에 철사를 매달아 놓고 신자들의 머리채를 묶어 고문했다. 만일 배교를 거부하면 그대로 목을 매달기도 했다. 그 이후 이 나무는 교수목絞首木이라는 불명예스러운 이름으로 불리었다.

훗날 밝혀진 사실에 의하면 천주교 신자들을 해미읍성으로 끌고 와서 배교를 거부하면 처형했는데, 그 수가 너무 많아 여숫골이라는 인근 골짜기에 생매장을 하였다고 한다. 해미읍성의 병인박해 순교자는 무려 1,000여 명에 이르고, 그 참혹한 흔적은 지금도 회화나무에 철삿줄 자국으로 남아있다.

평화를 추구하는 것은 우리 모두에게 쉽지 않은 일이다. 그것은 화해의 연대와 문화를 증대하여 불신과 증오의 장벽을 허물어가는 끝없는 도전이다. 평화는 단순히 전쟁이 없는 것이 아니라 정의의 결과이다. 정의는 우리가 과거의 불의를 잊지는 않되, 용서와 관용과 협력을 통하여 그 불의를 극복하는 것을 말한다.

    – 프란치스코 교황

향기 나는 향나무

　인간은 마음을 편안하게 하는 좋은 냄새를 인종과 지역을 초월해서 좋아했다. 그리고 이러한 후각의 감성적인 경험으로 안전함과 평온함과 신비함을 느꼈다. 인간은 그것을 향香, incense이라고 했다. 노루, 고래에서 채취한 동물성 향료부터 꽃, 과일, 허브 등의 식물성 향료, 그리고 화학성 합성 향료까지 인간의 문명은 '향의 탐닉'에 몰두했다.

　그곳에 우리의 정신적 원형 문화 향나무가 있었다. 나무에서 신비한 향이 나서 그 이름이 붙은 향나무는 예부터 특별한 후각적인 성질로 인해 귀한 대접을 받았다. 향香이란 한자를 보더라도 벼 화禾 자와 가로 왈曰 자가 합한 모습으로 '밥을 씹는 향', '감미롭고 좋은 냄새'를 뜻하며 후각적인 자극을 말한다. 향나무에서 뿜어져 나오는 향은 은은하게 맑아 신비하고 정신을 맑게 해, 예부터 모든 향기의 중심으로 자리 잡았다.

　향나무는 동북아시아 지향적인 나무로, 향목香木, 향백송香柏松,

상나무, 노송나무 등으로도 불렸다. 중국, 일본, 한국 등에서 중부 이남으로 많이 자라며 특히 울릉도는 향나무의 천국이다. 도동의 절벽에 붙어 있는 국내 최고령 석향은 약 2,500살 정도로 기원전 태생도 있다.

향나무는 살아있을 때나 죽었을 때나 똑같은 냄새를 풍기는 신비한 나무였다. 특히 불에다 사르면 그 향은 더욱 극대화되었다. 4세기에 조성된 고구려 안악 3호분의 벽화 〈부인도〉에는 향로를 받들고 있는 시녀의 모습을 선명하게 볼 수 있다. 이미 그 당시에 귀부인들은 일상생활 속에서 향을 피웠다는 것을 증명한다.

『삼국사기』에는 612년(진평왕 34)에 전란이 일어났을 때, 김유신이 '燒香告天祈祝(향불을 피워 하늘에 고하여 빌었다.)'라고 하는 기록이 있다. 여기에서 향이 오늘날과 같이 중요한 의례나 기도의식에서 몸을 정화하는 용도로 사용되었음을 짐작할 수 있다.

향이 주위를 정화한다고 하여 동북아시아의 모든 제례에는 향로에 향을 피워 그 신성한 분위기를 만들었고, 신의 향기로 대접받았다.

그 후 빗, 지팡이, 바둑판, 위패 등과 같은 물건이나, 하다못해 오늘날의 연필같이 하찮은 것도 뭐든지 향나무로 만들면 무조건 최고급 취급을 받았다. 그뿐만 아니라, 향나무 목재로 만든 가구는 왕실이나 귀족 집안이나 가질 수 있는 최고의 호사품이었다.

불교는 향나무와 떨어지려야 떨어질 수 없는 밀접한 관계가 있다. 김부식의 『삼국사기三國史記, 1145』에는 신라 눌지마립간(417~

458) 때, 불교의 향 전래에 대한 구체적인 기록이 있다.

梁遣使 賜衣着香物 君臣不知其香名與其所用 遣人賣香徧問 墨胡
子見之 稱其名目曰 此焚之則香氣芬馥 所以達誠於神聖
(양나라에서 사신을 통해 의복과 향물을 보내주었다. 왕과 신하
들이 그 향의 이름과 쓸 바를 몰랐다. 사람을 보내 향을 가지고 다
니며 두루 물었다. 묵호자가 이를 보고 그 이름을 칭하며 말하였
다. "이것을 사르면 향기가 나는데, 이른바 신성에 정성을 닿게 하
는 것입니다.")

묵호자墨胡子는 5세기에 고구려에서 포교하다가 신라에 잠입해
서 불교를 처음으로 전했다는 중국의 고승이었다. 묵호자는 그
향으로 왕녀의 병을 치료하는 이적을 보여, 초기 불교의 전래와
유입을 앞당겼다. 양梁나라는 56년간 중원의 중부와 남부에 존재
했던 나라로 현재 베트남의 하노이 남부까지 차지한 대제국이었
다. 이 내용에서 묵호자가 신라에는 없던 신기한 향으로 왕녀의
병을 고쳤다고 한 것을 보면, 이 향은 베트남 등지에서 영약으로
취급하는 침향이 아니었는지 추측해 본다.

불교에서 부처께 올리는 향·등·꽃·과일·차·쌀 육법공양六法
供養 중에서 향을 특히 '자신을 태워 주위를 맑게 한다' 고 해탈향
解脫香이라 했다. 불교에서는 모든 의식에서 반드시 향로를 놓고
향불을 피운다. 부정을 제거하고 번뇌에서 벗어난 편안한 심경으
로 깨달음을 얻으라는 의미가 담겨있다.

통일 신라는 울산, 청해진, 당항포를 통해 활발하게 국제 무역을 비롯한 교류를 했다. 당나라, 일본뿐만 아니라 아라비아 상인들도 신라와 무역을 했다. 특히 산둥과 양쯔강 하류는 신라인들의 거주지인 신라방과 관청, 사찰, 숙소가 생길 정도로 인적교류와 무역이 활발했다. 신라는 황금, 인삼, 명주, 종이 등을 수출하였고, 비단, 책, 보석, 유리그릇 등을 수입하였다. 그중에 최고의 수입품 침향沈香이 있었다.

향나무를 묻다

침향나무는 인도, 동남아시아에서 자라는 수종이었다. 바람, 동물 등으로 인해 생긴 침향나무의 상처를 치유하기 위해 흘러나온 수액이 오랫동안 굳어져 덩어리진 수지를 침향이라고 한다.

예부터 침향의 향기는 신비한 하늘의 향기라 하여 최고로 평가받았다. 또한 약성도 강해서 몸 전체의 순환을 도와 마음을 편안하게 하는 영약으로 알려져 수십 년에서 수백 년을 걸쳐 만들어진 것은 그 가격이 엄청났다.

그래서 아무리 신라의 귀족층이라도 동남아시아 열대지방에서 자라는 침향목과 침향은 함부로 가질 수가 없는 초특급 사치품이었다. 신라 834년, 흥덕왕은 6두품은 물론 진골까지 페르시아산 모직물, 동남아시아산 침향을 사용할 수 없다는 사치품 금지령을 내리기도 했다.

초기 불교의 교리를 설법한 경전에서도 "향 중에서 오직 침향이 제일이다."라고 할 정도로 침향목은 지배층뿐만 아니라 사찰에서도 최고로 여겼다. 향기뿐만 아니라 단단한 목질과 천년의 세월이 흘러도 벌레가 슬지 않는 특징으로 불상과 사리함 등을 침향목으로 만들었다.

침향과 침향목은 오늘날까지 귀한 약재이고 향료다. 근대에는 프랑스가 식민지 베트남에서 약탈해 간 침향으로 CHANEL N°5 향수를 만들었다. 조선 시대에도 왜관을 통해 일본에서 동남아산 침향이 계속 수입되어 왕족이나 고관대작의 향낭 주머니로 이용되었다.

침향을 만드는 행사는 고려 시대에 이르러 유행한 미륵신앙과 함께 전국적인 대형 사찰 행사로 확대하였다. 미륵은 미래에 사바세계를 구제한다는 부처를 일컫는 말이다. 이 미륵불신앙은 전쟁과 학정에 시달리던 고려 백성들에게 구체적인 희망을 선사했다.

미륵이 발현하면 땅이 넓어지고, 그 땅에 꽃과 향이 뒤덮이고, 인간의 수명이 길어지고, 세상에 기쁨이 가득하다고 했다. 고려 사람들은 다가올 미륵불 세상에 미륵께 최고의 공양물인 침향을 올리기 위해 향나무를 묻어 침향을 만들었다. 침향이 워낙 귀물이다 보니, 불교가 성행했던 고려 시대에는 침향을 만드는 방법인 매향埋香 행사가 사찰과 향도가 중심이 되어 치러졌다.

향나무를 땅속에 묻을 경우, 일반적으로 썩어 없어지지만, 공기가 통하지 않는 갯벌에 묻어두면 짧게는 수백 년, 길게는 천 년에 이르도록 썩지 않고 온전히 보존되었다. 오랜 기간 갯벌에 묻힌 향나무는 불순물은 없어지고 향이 집약되어 신비로운 향냄새가 나는 침향이 되었다.

침향을 제조하기 위해 향나무를 묻는 매향 의례는 그 자체가 미륵불을 향한 사람들의 정성 가득한 공양의식으로 그 규모가 엄청났다. 매향지埋香地에는 그 경과와 상황을 구체적으로 기록한 매향비埋香碑를 꼭 남겼다. 20여 군데 있었다는 기록은 있지만, 현재 전해지는 매향비는 강원도 삼일포, 평북 정주, 경남 사천, 전남 암태도, 충남 해미 등에 있다.

매향의례의 주체는 향도와 승려였으며 지방관리가 동참한 경우도 있었다. 신도들은 자체 사찰 조직인 향도香徒로 매향 의례에 참여했다. 향도는 불교가 전래된 삼국시대부터 있던 신앙 공동체이다. 공동생산, 상호부조, 친목 등의 목적으로 만들어진 토민 조직으로 조선 시대에는 두레로 불렀다.

1387년(고려 우왕 13)에 세워진 경남 사천 매향비에는 매향의례에 무려 4,100명이 참여했다고 기록되어 있다. 1309년(고려 충선왕 1)에 세운 강원도 고성군 삼일포 매향비에 따르면 그 당시 묻힌 나무가 30년 이상 자란 향나무 1,500그루였다고 하니 그 규모를 짐작할 수 있다.

이렇게 전국에 산재하고 있는 매향비는 미륵불의 새 세상이 오면 미륵불에게 최고의 공양을 올리겠다는 간절한 희망의 상징이었다.

한편 고려가 얼마나 불교를 숭상했는지는 현재 남아있는 노거

향나무만 살펴도 알 수 있다. 순천 송광사 천자암의 800살 쌍향수는 두 그루의 향나무가 마치 용이 승천하듯이 하늘로 솟구쳐 있어, 그 자태로만 생태적, 정신적, 문학적 신비를 더하고 있다. 전설에 의하면, 12세기 고려의 보조국사와 그의 제자 담당국사가 중국에서 유학하고 돌아올 때 짚고 온 향나무 지팡이를 이곳에 꽂은 것이 자랐다고 한다.

수원 팔달구 봉녕사 향나무도 800살로 1208년(고려 희종 4) 원각국사가 창건할 때 심었다고 한다. 강화도 보문사의 향나무도 700살이고, 여주 신륵사의 향나무는 600살인 것을 보면 고려 시대에 불법과 향나무의 밀접한 관계를 짐작할 수 있다.

향나무와 봉제사

조선은 유교의 사상인 효孝를 중시하여 국가에서 시행하는 사직, 종묘, 문묘 제례祭禮와 가문의 봉제사奉祭祀를 지극하게 받드는 것이 전부인 나라였다. 국가 제례는 종묘사직을 위한 것뿐만 아니라 기청제, 기우제, 산신제, 풍우제 등 그 종류가 매우 많았다. 제례에 쓰이는 향은 왕이나 왕세자가 직접 하사한 것을 사용하였으며, 그것을 받드는 벼슬을 행향사行香使라고 하였다.

행향사 소임을 받은 자는 하루 전에 목욕재계하고 향을 받았다. 왕의 향을 받드는 행향사行香使는 아무리 높은 신료를 만나더라도 말에서 내리지 않아도 되는 특권을 누렸다. 제사의 나라 조선에서 향의 위상이 어느 정도인지 보여주는 대목이다.

한편 궁중에서 제례에 쓸 향나무를 직접 심기도 했다. 창덕궁 서편에 서 있는 향나무는 수령이 약 750살로 옆에 있는 선왕들의 제례 공간인 선원전璿源殿의 향불을 올리기 위해서 키운 나무였다.

성종 7년(1476)에 축조한 용두동 선농단先農壇의 약 500살 향나무도 그러한 용도이다. 이 선농단은 농경의 신인 신농씨와 후직씨를 모신 곳으로 왕이 제를 올리고 직접 친경을 하며 풍작을 기원하는 곳이었다.

이는 사대부 양반가들도 마찬가지였다. "종가는 망해도 신주보와 향로 향합은 남는다.", "향로 없는 제상"이라는 말이 있듯이, 양반 집안은 아무리 망해도 봉제사는 꼭 챙겼다. 종갓집은 집안에 사당을 짓고 조상을 꼭 모셨다. 불천위 제사를 비롯해 차례, 기제사, 묘제, 시제 등 각종 제례가 적게는 십수 번, 많게는 수십 번에 이르는 가문도 있었다. 그래서 집안의 사당 앞에 배수가 잘되고 햇볕이 잘 드는 곳에 제례에서 향을 피울 향나무를 심었다.

경주 양동마을의 서백당書百堂은 1454년(단종 2) 손소가 지은 월성 손씨 종택이다. '하루에 참을 인 자 백 번 쓰는 집'이란 뜻으로 서백당書百堂이라는 당호가 붙었다. 중종 때 이조판서를 지낸 손중돈孫仲暾, 1463~1529도 이 집에서 태어났고, 성종 때 문신이자 성리학자인 이언적李彦迪, 1491~1553도 외가인 이곳에서 태어났다.

이 가문의 품격을 더 높인 것은 서백당의 대표적인 상징물인 600살 향나무였다. 손소가 식수한 것으로 알려진 이 향나무는 종가에서 향나무의 존재가 어떤 것인지 확실하게 보여주는 실제 예였다. 월성 손씨들은 지금도 이 향나무의 가지를 전지하는 날을 잡아, 그 잘린 가지를 후손들이 나누어 자기 집으로 가져가 제사에 분향하는 데 쓰고 있다.

여기뿐만 아니라 안동 와룡면의 퇴계 종가 경류정의 600살 뚝향나무, 예천 죽림리 예천 권씨 종가의 300살 된 향나무 등은 그냥 서 있는 것 자체만으로도 종가의 품위를 느낄 수 있다.

조선의 학문과 사상의 중심이었던 선비들에게도 향내는 세속적인 욕망에서 벗어나, 최고 목표인 도덕적인 군자가 되기 위한 심신 수양의 한 방법으로 이용되었다. 보통 선비들이 시를 짓거나 독서를 할 때 의관 정제하고 향로에 향을 피워 들이마셨는데, 이를 훈목薰沐이라고 하였다. 거처하는 방 안에서는 정신을 맑게 하려고 향나무로 만든 목침을 베고 잤고, 항상 향 주머니를 몸에 차고 다니고, 향나무 지팡이를 짚고 다녔다.

조선 시대는 여성에게 엄혹한 사회였다. 하지만 여성과 향의 떼려야 뗄 수 없는 오묘한 관계를 지배하지는 못했다. 그것은 향을 좋아한 삼국 시대 여인에서 고려 여인으로 내려온 전통이었다. 12세기 송나라 사람 서긍徐兢이 쓴 『고려도경高麗圖經』에도 고려 여인들의 향낭香囊에 대한 기록이 나온다.

佩錦香囊以多爲貴富家
(비단으로 만든 향 주머니를 찼는데, 많을수록 귀족 집안이었다.)

조선 반가의 여성들도 반드시 향낭을 차는 것이 법도이고 오래된 유습이었다. 향 주머니는 조선 시대에 반가를 비롯하여 민간에 이르기까지 널리 퍼진 향장품香粧品의 일종이었다.

효나무 향나무

조선 시대 교육의 8대 덕목인 효제충신예의염치孝悌忠信禮義廉恥 중에서 효孝는 유학의 최고 핵심 덕목이었다. 효는 부모가 살아 있을 때 섬겨야 할 자손들의 도덕뿐만 아니라 사후에도 엄격하게 지켜야 할 유교적 윤리관이었다. 그래서 자손은 반드시 조상의 제사를 지내야 했고, 그 봉제사奉祭祀에는 조상의 영혼이 잘 강림할 수 있도록 최고의 향을 써야 했다.

조선 시대에 들어 향 또는 향나무는 부모와 조상에 대한 공경심의 구체적인 표현으로 효를 대표하는 상징으로 확산하였다. 조선의 교육기관은 왕조의 이념인 효 사상을 보급하기 위해 학교의 입구나 뜰에 향나무를 심어 학생들에게 교육나무 역할을 하게 하였다.

서산시 인지면 애정리 송곡서원 앞에 있는 600살 향나무는 두 그루가 서원 입구에 마주 보고 서서 이런 역할을 하고 있고, 영천시 화북면 횡계서당의 300살 향나무도 역시 효 교육용 나무이다.

왕가에서도 능묘에 향나무를 심었다. 특히 영조는 자신을 낳은 무수리 출신의 숙빈을 추모하기 위해 파주 보광사 경내의 어실각御室閣에 숙빈의 영정과 위패를 봉안하고 뜰에 향나무를 심어 효의 본을 보였다.

사대부와 선비들도 어버이 은혜를 기리기 위해 묘소에 향나무를 심었다. 향나무는 효를 실천한 선조의 상징으로 남아 후손들도 이를 본받아 이 향나무를 특별하게 여겼다.

산청군 남사마을 사효재思孝齋 마당의 530살 향나무는 구체적인 사연을 담고 있다. 이 향나무는 1706년(숙종 32) 24세인 이윤현이 아버지를 해치려는 화적의 칼을 자신이 대신 맞아 죽은 효심을 기리기 위해 심은 향나무이다.

세종시 봉산동 최씨 문중 효자 최중룡의 400살 향나무도 그러하다. 청송 장전리 400살 향나무는 영양 남씨 입향조의 묘를 조성하면서 그를 기리기 위해 심은 향나무이다.

이런 향나무들은 그 소재가 뚜렷하고 후손들도 조상의 얼이 담긴 살아있는 증표로 여겨 나뭇가지 하나도 예사로 버리지 않고 제사 향불로 쓰며 살아있는 조상을 돌보듯이 애지중지하는 것을 볼 수 있다.

그렇다고 향나무가 꼭 상징적이고 관념적으로만 쓰인 것은 아니었다. 실용적 향나무의 극치가 있었으니 바로 우물 향나무였다. 사람이 사는 조건에서 가장 중요한 것은 집터였다. 그리고 집터에서 가장 중요한 중심은 깨끗한 물을 안정적으로 확보하는 우

물이었다. 그래서 집터를 대명당大明堂이라 했고, 우물을 수명당
水明堂이라 했다.

전통적으로 우물은 마을 사람들의 건강과 장수, 심성과 인심을
길러내는 매우 중요하고 신성한 곳이었다. 그래서 마을 공동체를
칭할 때 쓰는 동洞 자에도 '한 우물을 마시는 동네' 라는 뜻이 숨
겨져 있다.

우물나무는 위생상 낙엽이 안 지는 품종을 썼다. 향나무는 사시
사철 푸르름을 잃지 않아 낙엽이 없었다. 그리고 우물은 벌레가
접근하면 안 되는 청정한 곳이었다. 향나무는 그 자체로 강한 향
기를 내는 나무였다. 사람들에게는 향기로운 향이지만, 벌레들에
게는 엄청난 스트레스를 주어 해충의 접근을 막는 기능이 있었다.

우물은 물맛이 좋아야 했다. 향나무는 뿌리까지 맑은 향이 나
는 나무로 뿌리를 거쳐 나오는 물도 항상 맑은 향이 나서 맛있었
다. 이러한 실용성으로 예부터 선조들은 마을 우물가에 향나무를
즐겨 심었다.

안성 금광면 석하리 700살 우물 향나무는 지금도 마을 사람들
에게 청정수를 제공하고 있다. 인천 남동구 간석동에 있는 500살
우물 향나무는 지금은 우물이 메워졌지만, 옛날 어떤 장수가 우
물에서 물을 떠먹고 말채찍을 꽂아 놓은 것이 향나무로 자랐다는
전설이 있다.

이렇게 우물 밖에서 물을 보호하는 우물 향나무는 전국 어디에
나 산재하고 있다. 그런데 우물 안에서 자란 특별한 향나무도

있다. 울산 북구 달골 마을 우물 향나무는 특이하게도 우물 안 벽에서부터 자라 밖으로 나온 것으로 수령은 100살 이상으로 추정한다.

달골은 울산의 진산 무룡산의 동해 쪽으로 형성된 마을로 400여 년이 넘었다. 마을의 중심에 공동 우물이 있는데 옛날에 심은 향나무가 우물 안에서 자란 경우이다.

식수가 부족했던 달골은 매년 정월 대보름에 온 동네 사람이 산 중턱에 있는 북해용소에 제를 올리고, 그 물을 떠서 마을 우물에 부으며 우물물이 넘치기를 빌었다. 이를 물당기기 놀이라고 했으며 그 중심에 우물 향나무가 있었다.

> 이새미를 채워주소 달골물로 채워주소
> 비나이다 비나이다 이새미에 비나이다
> 냉수청청 채워주소 옥수청청 채워주소
> 출렁출렁 채워주소 남실남실 채워주소
> 사시장철 채워주소 천년만년 넘쳐주소
> 생명수가 넘쳐주소 불로수가 넘쳐주소
> 천년새미도 여기로다 만년새미도 여기로다
> 감로수가 넘쳐나네 불로수가 넘쳐나네
> 부귀수가 넘쳐나네 영화수가 넘쳐나네
> 잡귀잡신 물러가고 천복만복 점지하소
> － 울산 달골 〈물당기기 소리〉

향나무는 이 땅에서 긴 세월 동안 정화, 공양, 강림의 종교적 기능과 방충, 방향, 치료의 실용적 기능을 하다가, 선대와 후대를 이어주는 사상적 기능까지 한 효나무였다.

3

칠성 신앙

고대부터 전해진 뿌리 깊은 칠성 신앙은 5세기에 불교가 유입되어도 사라지지 않고 불교와 융합하여, 사찰 내에 별도로 칠성각을 지어 칠원성군으로 추앙받으며 칠성 불공을 드리고 있다. 그뿐만 아니라 우리 주변의 칠성당, 칠성단, 칠선녀, 칠성동, 칠갑산, 칠고무 등의 유적과 명칭에도 북두칠성을 섬기는 풍속이 그대로 이어지고 있다.

우리 별자리

90년대 중반에 전국 기행 프로를 진행하면서 거대한 마애약사 불상을 찾아 울산시 북구에 있는 어물동 유적을 찾은 적이 있다. 바다와 개울이 만나는 탁 트인 방바위 중턱에서 거대한 마애약사 불상과 일광보살, 월광보살을 촬영했다.

그런데 이곳에는 불교 유적보다 훨씬 앞서 조성된, 책으로만 접했던 청동기 시대의 성혈과 윷판 성혈, 장수 발자국 터, 문때는 돌 등 고대 기원 의식 유적이 그대로 살아있었다. 놀라운 만남이었다.

그곳에서 세월이 흘러도 변하지 않고 면면하게 살아 이어지는 선사시대 바위 신앙을 만나고, 큰 깨달음을 얻어 본격적인 성혈 연구를 시작했다.

고서를 뒤져 우리 별자리를 연구하고, 천체 망원경을 구해 밤 하늘의 별을 관찰하기 위해 밤샘을 치기도 하고, 전국의 고인돌을 뒤지고, 산정을 오르내리며 수십여 년 동안 많은 성혈을 접했다. 그리고 고대인들이 살았던 세상은 하늘을 지배하는 존재들과 밀접하게 연관이 된다는 것을 공부하였다.

해의 움직임으로 한 해의 밤과 낮이 변하고 계절이 바뀌었다. 달의 모양 변화로 한 달이 형성되고 바닷물의 조류가 바뀌었다. 밤하늘의 시간은 북극성을 두고 돌아가는 북두칠성이 지배했다. 하늘에 떠 있는 해와 달 그리고 무수하게 펼쳐진 별에 우주적 의미가 반영되어 선사시대 사람들의 일상과 인식체계를 지배했고, 종교와 사후 세계를 연결하였다.

별자리는 동서양을 막론하고 고대부터 천문을 관찰하고 이해하는 중요한 분야였다. 별자리는 유목 민족에게는 거대한 초원에서 길과 방향을 알려주는 좌표였고, 농경 민족에게는 계절과 날씨를 측정하는 척도였다. 그래서 동서양은 각각 하늘의 별을 연결하여 신화적인 인물, 동물, 사물, 관직 등의 이름을 붙여 설화를 만들어 후세에 천문학 교재로 전하였다.

동서양 모두가 해와 달과 별의 천체 현상이 자연과 인간의 운명을 결정짓는 중요한 변수라고 믿었다. 그래서 오래전부터 인간이 태어난 해와 날짜와 시간에 해당하는 띠와 별자리를 통해 소원을 빌거나 미래를 점쳐보는 점술이 발달하였다.

해와 달과 별을 표현한 성혈 속에는 우리가 서구식 천문학으로만 알고 있었던 큰곰자리, 작은곰자리, 카시오페이아자리, 오리온자리 등이 아닌, 우리 심상으로 바라본 우리 별자리가 있었다.

별 하나 따다가 탱자나무 걸고 매고 짜고
별 둘 따다가   탱자나무 걸고 매고 짜고
별 서이 따다가 탱자나무 걸고 매고 짜고
별 너이 따다가 탱자나무 걸고 매고 짜고
별 다섯 따다가 탱자나무 걸고 매고 짜고
별 여섯 따다가 탱자나무 걸고 매고 짜고
별 일곱 따다가 탱자나무 걸고 매고 짜고
별 여덟 따다가 탱자나무 걸고 매고 짜고
별 아홉 따다가 탱자나무 걸고 매고 짜고
별 열이 따다가 탱자나무 걸고 매고 짜고
　　　　— 경북 영주/ 전래동요

대표 우리 별자리 격으로 한민족에게 생명을 주는 삼신할미가 계시는 삼태성이 있었고, 또 항시 사시사철 밤마다 우리를 보살펴 주는 북두칠성이 있었다. 황제 별인 북극성이 있었고, 동쪽 하늘에는 청룡 모양의 별자리, 남쪽에는 환상의 새인 주작 모양 별자리, 서쪽에는 백호 모양 별자리, 북쪽에는 신령한 거북이인 현무 자리가 펼쳐져 있었다.

신령한 동물 모양의 이 별자리들은 푸른색, 붉은색, 흰색, 검정색, 금색, 다섯 가지 색으로 표현되며, 바위나 옛 무덤에 새겨진 하드 디스크로 지금까지 우리 곁에 방향 상징으로 남아있다.

그리고 바위에 미쳐 다닌 지 십수 년 만에 선사시대의 유물로만 알았던 성혈을 파는 기도 방법이 조선 후기까지 이어지고 있

다는 사실을 경주와 울산의 서당건물 유적에서 발견하였다. 그곳 서당의 댓돌에는 학동들의 과거 합격을 비는 어미들의 수많은 기도 성혈 자국이 깊게 파여 있어 '전통이란 이런 것이구나' 싶어 소름이 돋기도 했다.

고대인들은 성혈의 각 굼을 인간사와 세상사를 주관하는 천구의 별과 연결하는 안테나로 인식했다. 그리고 그들만의 기도 막대로 그 소원에 해당하는 굼을 돌리면서 신을 즐겁게 하고, 액을 쫓아내고, 병마를 물리치고, 수명장수와 다산과 복을 빌었다.

성혈은 주로 청동기 시대의 무덤 고인돌 덮개돌에 많이 분포해 있었다. 당시의 천문관에서 세상의 길흉화복을 주관하는 별자리인 북극성, 북두칠성, 남두육성, 동두오성, 서두사성 등 네 두성과 중앙에 삼태성을 주로 표현했다.

훗날 이것은 그대로 고구려로 이어져 지금까지 발견된 고분들에도 역시 해와 달, 북두칠성, 남두육성, 삼태성, 28수 등의 별자리가 그려져 있어 우리 선조의 우주관과 생사관을 엿볼 수 있는 귀한 증거가 되고 있다. 그중에서 우주의 중심인 북극성과 인간의 생명을 점지하는 삼신이 산다는 삼태성三台土, 수명과 인간의 죽음을 관장하는 북두칠성北斗七土은 꼭 다른 성혈보다 크게 새겨 넣는 대표 별자리였다.

이러한 전통이 훗날 가야 고분부터 고려의 고분 벽화, 그리고 근대의 삼신 신앙, 칠성 신앙까지 면면하게 이어진 것을 보면 별에서 태어나 별로 돌아간다는 한민족의 생사관을 알 수 있다.

별 따자 별 따자 하늘 얼러 별 따자
어서 치고 술 묵자 조포국에 짐 난다
― 진주 〈삼천포농악〉 12차 중에서

고대인의 관점에서 보면 하늘에서 북극성을 중심으로 하룻밤을 빙빙 돌며 어두운 밤을 지켜주고, 시간을 알려주고, 나그네의 갈 길을 일러주는 북두칠성은 신비한 별이 아닐 수가 없었다.

북두칠성은 동아시아의 일반적인 공통 명칭으로 북北은 방향을 나타내고, 두斗는 구기라고 하는 긴 숟가락 모양의 국자를 말하고, 칠성七星은 일곱 개의 별을 말한다. 우리말 '별'은 붉다, 밝다, 빛 등의 계열로 '빛날'을 나타내는 말로, 북두칠성을 우리말로는 길잡이별, 국자별이라고 했다.

칠성 신앙

"말 한마디에 북두칠성이 굽어본다."라는 말이 있듯이 우리 민족은 북두칠성을 매우 경배하며 두려워했다. 그것은 북두칠성이 인간의 수명과 죽음을 관장하는 신격으로 믿었기 때문이었다.

흔히 죽을 뻔하다가 겨우 살아났음을 표현하는 말로 "칠성판에서 뛰어났다"라는 속담이 있다. 칠성판七星板은 장례식을 치를 때 관 바닥에 까는 나무판을 말한다. 그 판자에 북두칠성 모양으로 일곱 개의 구멍이 뚫려 있어 그렇게 불렀다. 그것은 죽음을 관장하는 북두칠성으로 망자를 보낸다는 의미를 담고 있다.

이렇게 두려운 신격이었기에, 집안에서 제일 깨끗한 장독대 위로 북두칠성이 가장 뚜렷하게 걸쳐지는 새벽녘에 어머니가 정성으로 칠성님께 가족의 명命을 빌었다. 『삼국지』에서 제갈공명도 자신의 수명이 다한 것을 알고 대업을 이루고 백성을 구하기 위해, 부득이 자신의 수명을 연장하고자 북두칠성에 제를 올리며 수명 연장을 비는 대목이 있다.

특히 수명이 짧은 운을 타고난 아이를 둔 부모가 신선계에서 바둑을 두고 있는 남두육성과 북두칠성께 간절하게 사정하여, 19세에 단명할 아이의 수명을 99세로 늘려주었다는 설화도 전해진다. 그래서 단명할 운수로 태어난 아이들은 북두칠성으로부터 명을 이어달라고 이름에 꼭 칠七 자를 넣거나 아예 칠성이라는 이름을 짓기도 하였다.

반면 몸에 일곱 개의 점을 달고 태어나면 칠성 줄을 타고났다고 하여 큰 인물이 된다고 믿었다. 역사적으로 김유신, 한명회 등이 몸에 북두칠성 모양의 점이 있었고, 안중근 의사도 그래서 어릴 적 아명이 안응칠安應七이었다.

한편 북두칠성은 우리말 국자별에서 보듯이 물과 깊은 관련이 있었다. 그래서 떡과 술 같은 다른 제물이 필요 없이 새벽에 길어온 깨끗한 정화수 한 그릇을 제물로 하였다. 특히 북두칠성 제1성에서 제4성까지의 국자 모양은 선기璇璣라고 하여 물을 상징하였다. 그 후 북두칠성은 농경이 정착하면서 비를 기원하는 기우祈雨 신격으로 확대되었다.

그래서 칠월 칠석날 전후로 내리는 비를 칠석우七夕雨라 하여 풍년의 길조라고 여기며 밀가루 별식을 하여 축하하였다. 어찌되었든 농사에 중요한 비임은 틀림없었다. 칠월 칠석날 전날에 내리는 비를 견우직녀가 타고 갈 수레를 씻는 비라고 수레 씻는 비라고 하였고, 당일에 내리는 비는 견우와 직녀가 만나는 기쁨의 눈물이고, 다음 날 내리는 비는 이별을 아쉬워하여 흘리는 작

별의 눈물이라고 했다.

銀河杳杳碧霞外　푸른 하늘 밖 은하 가득하니
天上神仙今夕會　천상의 신선들 오늘 저녁 모이네
龍梭聲斷夜機空　용의 북소리 끊기고 밤 베틀은 비우니
烏鵲橋邊促仙馭　오작교 가로 신선들 행차를 재촉하네
相逢才說別離苦　서로 만나 이야기하니 이별이 괴롭네
還道明朝又難駐　내일 아침이면 또 함께하기 어려워라
雙行玉淚洒如泉　두 줄기 옥 같은 눈물은 샘처럼 흘러내리고
一陣金風吹作雨　한바탕 서풍이 비를 불어오는구나
廣寒仙女練帨涼　광한궁 선녀 명주 수건 서늘하고
獨宿婆娑桂影傍　쓸쓸한 계수나무 그림자 옆에 홀로 잠들었네
　- 이규보李奎報, 1168~1241/「七月七日雨칠월칠일우」

　북두칠성은 그 자체로도 숭배하였지만, 일곱 개 별 하나하나를 개별적으로 섬기기도 하였다. 일곱 별은 그 맡은 임무가 다 달랐다. 탐랑성貪狼星은 자손들을 번성하게 해 주었고, 거문성巨門星은 장애와 재난을 없애주고 복을 내리는 별이었다. 녹존성祿存星은 칠성판을 상징하는 별로 인간의 죽음을 관장하며 업장을 소멸시켜 주었다.

　문곡성文曲星은 출세와 권세를 좌우하는 별이었고, 염정성廉貞星은 북두칠성의 중심을 잡아주는 별로, 백 가지 장애를 없애주었다. 무곡성武曲星은 인간의 수명을 관장하는 가장 강력한 별이

었고, 파군성破軍星은 전쟁의 승패를 좌우하는 별로 군신軍神으로 섬김을 받았다. 그래서 유생들은 특히 문곡성, 염정성에 과거 합격과 출세를 빌었고, 전쟁에 나가는 무인들은 파군성에 승리를 비는 제를 지내기도 했다.

북두칠성이 꼭 국자별로 인식된 것은 아니었다. 국자의 손잡이에 해당하는 제7성은 파군성破軍星, 또는 요광성瑤光星이라 부르며 무기의 손잡이로도 인식되었다. 요광성은 어떠한 적도 격파한다는 무시무시한 의미가 있어 지휘관의 칼이나, 전장에서 대장이 부하 장수들에게 명령을 내리는 초요기招搖旗에도 북두칠성을 새겨 넣었다.

고대부터 전해진 뿌리 깊은 칠성 신앙은 5세기에 불교가 유입되어도 사라지지 않고 불교와 융합하여, 사찰 내에 별도로 칠성각을 지어 칠원성군으로 추앙하며 칠성 불공을 드리고 있다. 그뿐만 아니라 우리 주변의 칠성당, 칠성단, 칠선녀, 칠성동, 칠갑산, 칠고무 등의 유적과 명칭에도 북두칠성을 섬기는 풍속이 그대로 이어지고 있다.

북두칠성에 가거라 남두칠성에 가거라
서두칠성에 가거라 동두칠성에 가거라
칠성으로 보내 놓고 칠성님은 이제는 포원이 지고 한이 졌시니,
견우성이 되였서라, 직녀성이 되였서라
칠월칠석날이 닥치며는 견우직녀 만나니라고
눈물바람이 일고, 일곱 칠성님의 눈물이라

칠성님이 자손 생겨, 저승 왕에 약을 부처
칠성님이 억조창생 많이 널리 손수 발복을 시길 때여
명 짧은 자손에게는 명을 태와 주시고
복 작은 자손에게는 복을 많이 태와 주시고
자손 없어 한이 되여 일구월심 가족에게는 자손 태와 주시고
어지신 칠성님네, 온갖 명복 점지허시고
자손들 모도 다 공부 잘하고 일취월장 시기여 주시옵소서
 ─ 〈칠성본풀이〉 중에서

어느 별자리보다, 어느 민족보다 북두칠성을 굳게 믿었기에 장
독대에 정화수를 떠 놓고 새벽마다 칠성 기도를 올렸고, 북두칠
성 모양의 숟가락으로 밥을 먹었다. 저승이 편안하여지라고 무덤
뚜껑 바위에 북두칠성을 새겼고, 북두칠성의 운행원리를 본뜬 윷
판으로 칠성신에게 길을 묻는 점을 치고, 그 윷판 위에 대들보를
세웠다. 그리고 오늘날 윷놀이로 이어졌다.

노유일체의 윷놀이

떠들썩한 정월 대보름이 지나 매화가 봉오리를 빼꼼 올리고 동백이 붉게 피었지만, "겨울 추위에는 살이 시리지만 봄추위에는 뼈가 시리다"라고 아직 봄은 멀찍이 있었다. 연자방아 돌리는 나귀마냥 눈코 뜰 새 없이 바쁜 농촌도 해가 바뀌고 봄이 오기 전까지 제법 일손이 한가한 농한기農閑期였다.

이런 시기는 그래도 반찬값이라도 벌겠다고 남정네들은 읍내 버섯공장이나 전분공장에 임시로 두어 달 남짓 일을 다녔고, 아낙네들은 쥐포공장에 일을 다녔다. 동네 할부지들도 정초의 들뜬 기분을 누그러뜨리며 "겨울밤이 아무리 길다고 해도 내가 꼰 새끼만 못하다."라고 하시며 봉놋방에 모여 침을 뱉으며 하염없이 농사에 쓸 새끼를 꼬거나 멍석과 짚방석 등을 만드셨다. 할무니들은 읍내 봉제공장에서 외국에 수출용으로 판다는 엄청나게 큰 와이셔츠 옷 포대를 풀어놓으면 실밥 따는 일로 소일하시며 담뱃값이라도 버셨다.

어린 아이들에게도 농한기가 적용되었다. 무엇보다도 소를 먹이거나 쇠꼴을 베지 않아 좋았고, 소도 짚으로 만든 방한복을 입고 느긋하게 겨울을 났다. 아이들은 노는 것이 일인 것같이 신나게 썰매 타기, 얼음 배 타기, 연날리기, 말뚝박기, 숨바꼭질로 시간 가는 줄 모르고 온 골목이 떠들썩하게 놀았다.

정월 대보름이 지나도 밤에는 매서운 바람이 그치지를 않았다. 그렇게 놀더라도 대신 산에 나무를 해 오는 일이, 봄까지는 아이들의 중요한 일과였다. 당시에는 사내아이라면 모두 '내 지게'가 있었고 '내 낫'이 있었다.

해가 마당을 비추면 아이들은 모두 내복에 양말도 두 개씩 신고, 호빵 모자를 쓰고, 토끼털 귀마개를 하고 구멍 난 장갑도 두 개씩 끼고, 고구마 두어 개를 싸 들고 지게를 지고 산으로 나무를 하러 다녔다. 그렇게 만반의 채비를 하고 아무리 두껍게 입고 나가도 겨울 산은 눈에 발이 푹푹 빠지고 바람이 쌩쌩 불어 귀, 볼, 코, 손끝, 발끝이 아리고 덜덜 떨 정도로 정말로 괴로웠다. 그래도 콧물을 흘리며 토끼와 노루 몰이를 하고 놀면서, 가족들의 군불을 지피기 위해 부지런하게 손을 놀려 솔갈비를 긁어모으고 삭정이를 낫으로 잘라 나무 한 짐을 크게 만들었다.

나무라고 다 땔감으로 쓰이는 것은 아니었다. 운이 좋아 제법 실한 박달나무라도 만나면 톱으로 곱게 잘라 집으로 가져왔다. 박달나무는 재질이 엄청 단단하고 수명이 오래가서 따비, 농기구 자루 떡메, 홍두깨, 다듬잇방망이, 빨랫방망이 등을 만드는 재료로 쓰였다. 어른들이 베는 것이 주로 그런 용도였고, 아이들이 베는 박달은 주로 썰매 자루, 팽이 그리고 윷 등 놀이기구를 만드는 용도였다.

그렇게 햇볕이 잘 드는 양지바른 산기슭에서 온갖 장난을 치며 놀다가 해가 버드내 쪽으로 넘어가면 지게 한 짐을 짊어지고 더듬더듬 지겟작대기로 중심을 잡으며 집으로 돌아왔다. 어머니가 "아이고 나무도 야무치게 해 왔네, 내 새끼 때매 오늘 따시게 자겠다."라고 반기시면서 곶감을 하나 입에 물려 주셨다. 저녁을 준비하며 굴뚝에서 올라오는 솔갈비 태우는 연기를 보면서, 사냇값을 제대로 한 것 같아 괜스레 마음이 뿌듯하고 기운이 치솟았다.

"겨울이 지나야 봄 그리운 줄 안다."라고 입춘을 넘겨도 정월의 밤은 "봄추위가 장독 깬다."라고 말할 정도로 아무리 군불을 넣어도 시베리아 추위였다. 문종이에 먹물 번지듯이 어둠이 퍼뜩 찾아왔다. 짐승을 키우는 막에 바람막이 멍석을 서둘러 내리고, 집마다 설거지 서두는 소리와 구정물 버리는 소리와 씻기 싫어하는 아이들 울음소리가 간간이 들려왔다.

읍내까지는 전기가 들어와 전등을 켜고 살았지만, 산골 동네는 아직도 호야등과 호롱불을 켜고 살았다. 남정네들은 호야등, 호롱불에 석유를 붓고 그을음을 죽인다고 심지를 조정하고, 어른 사랑방과 큰방에 화로를 들였다.

까치밥 하나 달랑 매달려 말라비틀어진 감나무 가지에 칼 같은 초승달이 걸리고, 제법 찬바람이 일면 한순간에 동네에 고요가 밀려왔다. 긴 겨울밤의 권태는 봄부터 가을걷이까지 죽어라고 일만 하고 살아온 우리네 일상에서 몸에 안 맞는 옷같이 항상 낯설고 어색했다.

그렇다고 외면을 한 것은 절대 아니었다. 집마다 그 집안에서 대대로 전해지는 잘 다듬은 고유한 윷가락이 네 개가 있었고, 해마다 정월이면 겨우내 동무들이나 가족끼리 모여서 지루한 긴 밤을 운수도 보고 즐기며 놀았다.

윷놀이는 방 안에서도, 마당에서도 할 수 있고, 남녀노소를 가리지 않고 섞여 놀았고, 심지어 양반들도 편을 짜서 노는 놀이였다. 술수가 통하지 않았고, 어떤 수가 나올지 전혀 알 수 없었고, 강이 이기고 약이 지는 수도 들어맞지 않았고, 그 전략 전술과 꾀가 무궁하여 노유일체로 모두가 신나게 웃으며 노는 놀이였다.

風俗由來重歲時　동방의 풍속이 예로부터 세시를 중히 여겨
白頭翁孀作兒嬉　흰머리 할범 할멈들이 아이처럼 신이 났네
團團四七方圓局　둥글고 모난 윷판에 동그란 이십팔 개의 점
變化無窮正與奇　정과 기의 전략 전술에 변화가 무궁무진하니
拙勝巧輸尤可駭　졸이 이기고 교가 지는 게 더더욱 놀라우니
強吞弱吐亦難期　강이 삼키고 약이 토함도 기약하기 어렵도다
老夫用盡機關了　노부가 머리를 써서 부려 볼 꾀를 다 부리고
時復流觀笑脫頤　가끔 다시 흘려 보다 턱이 빠지게 웃는구나
　－ 이색李穡, 1328~1396/『목은시고牧隱詩藁』「장단음長湍吟」

윷가락의 의미

일반적으로 윷가락은 일정한 두께의 박달나무 두 토막을 어른 손 한 뼘 길이로 잘라 그것을 다시 절반으로 가르고, 가운데 부분은 약간 두툼하게, 양 끝은 가늘게 깎은 형태이다. 거기에다 도토리, 콩, 은행 등으로 만든 아주 작은 밤윷도 있었고, 어른 팔뚝 길이의 장작윷, 골목에서 놀 때 고무신 네 짝으로 하는 고무신윷까지 다양한 종류가 있다.

배는 평평하고 등은 둥근 형태의 이 네 가락을 공중으로 던져서 하나가 뒤집히면 도, 둘이 뒤집히면 개, 셋이 뒤집히면 걸, 넷 모두 뒤집히면 윷, 네 개가 다 엎어지면 모라고 했다. 윷가락을 던져 나오는 경우의 수 도, 개, 걸, 윷, 모는 모두 집이나 목장에서 기르던 네발 달린 가축의 이름에서 유래했다.

'도'는 돼지의 옛말 '돝'에서 나온 말이다.

우리말 돗, 도투, 도티, 똘또리와 중국어 猪[도〉조], 일본어 豚[동], 터키어 [도모스] 등에 그 흔적이 남아있다.

일월성신 분명하니 천도가 적실하고

산천초목 분명하니 지도가 적실하고

인의예지 분명하니 인도가 적실하다

우아하고 겸애하신 양묵도를 도라하랴

인의하고 예지하신 공맹도를 도라하랴

왕사가 창망하니 옥창에 형영도냐

출일이 방모하니 초중에 우양도냐

녹수진경도는 경치도 좋거니와

지시장안도는 번화할제 더욱좋다

    — 안동 『저포송褚蒲頌』「도송道訟」 중에서

'개'는 지금의 개[犬]를 칭하는 말로 옛말은 짖는 소리에서 유
래한 '가히'이다.

개의 새끼를 뜻하는 우리말 강아지, 몽골어 [굴릭], 그리고 성
견을 뜻하는 한자어 狗[구], 犬[견], 영어의 cănine[캐나인], 라틴어
canis[카니스], 중국어 狗[고우], 犬[캐얀] 등이 비슷한 음가이다.

'걸'은 양羊이나 염소를 뜻하는 옛말 '골'에서 변이한 말이다.

큰 양을 뜻하는 한자어 羯[갈], 羬[겸], 검은 암염소를 의미하는
고력羖䍲에 그 흔적이 뚜렷하고, 새끼 양을 의미하는 羔[고], 중국
어 羔[까오], 일본어 羔[고시츠지], 염소를 뜻하는 영어의 goat[고트],
숫양을 뜻하는 중국어 羖[구워] 등이 같은 계통의 말이다.

'윷'은 소[牛]의 옛말 '숯/윳'에서 유래하였다.

우리 선조는 소와 쟁기를 이용한 경작법이 생긴 이후로 힘이

센 소를 농사를 짓는 데 없어서는 안 될 주요 수단으로 매우 소중하게 여겼다. 한자어 소 牛우는 소의 머리 형상을 딴 상형문자로, 힘이 세다(强)는 의미가 있다.

690년(신문왕 10)에 신라의 변방을 지키는 군대를 지금의 강원도 춘천에 설치하는데, 그 군대의 이름을 우수변牛首邊이라 한 것도 이와 무관하지 않다. 그리고 신을 섬기는 최고의 제물로 취급하였다. 예부터 귀한 소를 희생하여 소뼈나 발굽의 상태로 점을 치던 풍속이 있었고, 그래서 한자어 희생 犧희, 희생 牲생, 특별할 특特 등에 소 우牛의 흔적이 남아있다.

북송의 사신 손목孫穆이 편찬한 『계림유사鷄林類事, 1103』에 당시 '牛曰燒(소는 쇼라고 한다.)'라고 한 것을 보면 12세기 고려 말로도 소를 [쇼/쇼우]라고 한 것을 알 수 있다. 최세진의 『훈몽자회訓蒙字會, 1527』에 주사위를 던져서 노는 중국에서 전래한 저포樗蒲를 설명하면서 저樗를 '슛 뎌', 포蒲를 '슛표', 펄 탄攤을 '슛 놀 탄'으로 설명한 것을 보면 16세기에는 윷을 '슛'으로 말한 것을 알 수 있다.

이를 종합해 보면, 당시에 '슛'이 '슈, 쇼, 유, 쥬' 등으로 변이하여 소를 칭하는 말로 혼용하여 쓰다가 훗날 19세기에 '소'로 정착했다. 우리말 사투리 쇠, 쉐, 한자어 牛[우], 영어의 cow[카우], 중국어 牛[니우], 일본어 牛[우시], 몽골어 [우흐르] 등도 같은 계열이다.

윷놀이는 대개 윷중이나 모메가 나오기를 바라며 던졌는데, 도

가 나온 안타까운 마음을 노래한 평안도 남포 지역의 〈윷노래〉에
서 소를 '즁/중'이라 부른 흔적을 찾을 수 있다.

중이나 메나 뚝
중은 중가 메는 메가
눈단산에 꽃이로다
도야지 도야지
오래 발죽 도야지

'모'는 말馬의 옛말인 'ᄆᆞ'에서 유래한 말이다.

한자어 말 마馬가 말이 앞으로 달리며 갈기가 휘날리는 모습
의 상형이듯이 말은 마빡, 마파람, 마포, 이마, 마당과 같이 앞을
향해 질주한다고 붙은 말이다. 손목孫穆이 편찬한 『계림유사鷄林
類事, 1103』에도 '馬曰末'이라고 한 것을 보면 예부터 말을 '말/몰
/모/메' 등으로 부른 것이 확실하다. 그 외에 한자어 馬[마], 중국
어 馬[마아], 일본어 馬[으마], 몽골어 [모리] 등이 모두 말을 칭하는
'마/모'와 비슷한 계열이다.

이같이 도, 개, 걸, 윷, 모는 목축에 유리하지 않은 돼지를 제일
아래에 두고, 목축을 도와주는 개를 그다음으로 하고, 젖과 고기
를 제공하는 양, 소, 말을 상위 개념으로 잡은 것을 알 수 있다.
그래서 윷놀이의 시작을 고대 부여로 보는 시각이 유력하다. 부
여의 왕도王都를 중심으로 큰길을 따라 4구역으로 나누어 사출도
四出道라 하여 마가馬加, 우가牛加, 저가豬加, 구가狗加라는 부족장

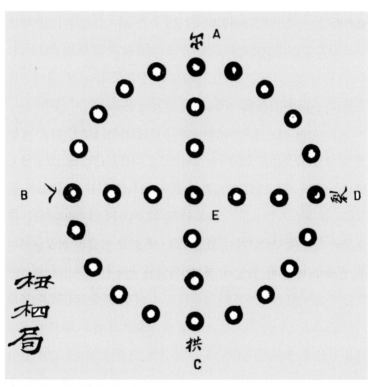

- 스튜어트 컬린, 『조선의 놀이|Korean games』

이 이끄는 지방 연합국가였던 것을 고려하면 설득력 있는 추론이다.

윷판이 곧 다섯 가의 출진도出陣圖이니, 그 그림은 다음과 같다. 그림 가운데 도刀, 개介, 걸乞, 유兪, 모毛는 곧 이두 글자로 쓴 다섯 가의 칭호이니, 도는 돗가요, 개는 개가요, 유는 옛 음에 '소' 니 소가요, 모는 말가요, 걸은 신가니, 걸로 신가를 기록함은 그 의의를 알 수 없으나 부여 시대에 견사犬使라는 관명官名이 있으니, 대개 견사는 신가의 별칭이므로 걸은 곧 견사의 견犬을 의역한 것이 아닌가 한다. 돗猪, 개犬, 소牛, 말馬 등 가축들로 오방五方신의 이름을 삼는 동시에, 이로써 벼슬 이름을 삼은 수렵 시대가 지나고 농목農牧시대가 된 증적證跡이다.

– 신채호申采浩, 1880~1936/『조선상고사朝鮮上古史』중에서

윷판의 비밀

    윷놀이는 똑같은 크기의 둥근 나무 두 개를 절반으로 쪼개어 만든 네 쪽의 윷가락을 공중으로 던져 나오는 면에 따라 경우의 수로 노는 놀이였다. 일반적으로는 한 뼘 길이의 윷가락을 쓰나, 지역에 따라 장작윷이라 하여 팔뚝 길이의 큰 윷도 있고, 종지윷, 깍쟁이윷이라 하여 종지에 들어가는 작은 윷도 있었다.

    윷놀이는 장소에 구애받지 않고 아무 데서나 할 수 있었다. 장작윷은 마당에서 여럿이 패를 갈라 멍석에 숯으로 말판을 그려 공중에 크게 던져 노는 윷이고, 종지윷은 주로 방 안에서 소규모의 인원이 담요를 접어 깔고 작은 밤윷을 종지에 넣어 흔들어 던져 노는 윷이었다. 여기에 윷가락을 던지면서 수작을 부리지 못하게 규칙이 엄격하여 던지는 높이가 너무 높거나 낮으면, 또 멍석이나 담요 밖으로 벗어나면 '낙'이 적용되었다.

    그렇게 네 개의 윷가락으로 논다고 한자로 던질 척擲을 써서 척사擲柶, 척사희擲柶戲 또는 사희四戲, 사목희四木戲라고도 불렀고,

사류, 사룻, 사짜라고도 하고, 중국식 주사위 놀이의 명칭인 저포 樗蒲라고도 하였다.

윷가락 네 개만 있다고 윷을 놀 수 있는 것은 아니었다.

첫째, 나오는 경우의 수에 따라 움직이며 서로 잡고 잡히는 윷 말, 사마梭馬가 있어야 했다. 윷말은 서로 색깔이 흑백인 바둑알 을 많이 쓰고, 상황에 따라 나뭇조각이나 열매, 돌도 많이 썼다.

둘째, 윷말이 가는 길을 점으로 표시한 윷판이 있어야 했다. 윷 판은 사도梭圖, 마전馬田, 말밭, 말판, 윷밭이라고도 하며 가운데 방을 중심으로 사방에 28개의 점을 두었다. 윷판은 그 오래된 역 사같이 그 원리를 분석하는 여러 해석을 낳았다. '북두칠성이 사 방을 도는 칠성 신앙의 일종이다.'라는 설도 있고, '북극성을 중 심으로 28수宿 별자리를 그린 천문도다.'라는 설도 있고, '수리 철학을 담고 있는 주역의 이치를 표현한 그림이다.', '천부경의 원리를 설명하고 있다.' 등의 설도 있다.

梭之外圓象天, 內方象地卽天包地外也. 星之居中者 樞星也. 旁列 者 二十八宿也. 卽北辰居所 而衆星拱之者也.

("윷판의 바깥이 둥근 것은 하늘을 본뜬 것이요, 안의 모진 것은 땅을 본뜬 것이니, 즉 하늘이 땅바닥까지 둘러싼 것이다. 별의 가 운데 있는 것은 북극성이요, 옆으로 벌여 있는 것은 28수를 본뜬 것이다. 북두칠성이 제자리에 있으며 뭇별이 둘러싼 것을 말한다." 라고 하였습니다.)

　- 김문표金文豹, 1568~1608/『중경지中京誌』「사도설梭圖說」

윷놀이를 단순하게 유희로 하는 놀이로 취급할 수 없는 명백한 증거가 있다. 윷판의 모습은 청동기 시대 이전에 제작되었으리라 짐작되는데 전국 각지의 신성한 바위나 고인돌, 석물 등에도 암각화로 나타나기 때문이다.

고대부터 인간은 동서고금을 막론하고 유한한 인간에 비해 초자연적인 항구성을 가진 큰 바위에 전설적인 의미를 부여하며 신성시했다. 그래서 바위에 그림이나 돌 붙이기, 동전 붙이기, 돌 문지르기, 바위 만지기 등 종교적 행위를 통해 염원을 새겨 넣거나 소원을 빌었다. 그런 흔적은 지금도 기도처로 쓰이는 신성한 장소의 바위, 고인돌 등의 석물에 새겨진 성혈이나 동심원ring mark을 통해 확인할 수 있다.

성혈星穴, 性穴, cup mark이란 선사시대부터 전해지는 종교적 행위의 일종으로 바위나 석물에 인위적으로 오목한 원형 홈을 판 것을 말한다. 동전만 한 크기부터 야구공만 한 크기까지 여러 형태로 발견된다. 흔히 알바위, 굼이라고 많이 말하고 바위구멍, 알구멍, 알터, 알뫼, 홈구멍이라고도 한다.

그 생성 시기는 대부분 신석기 시대와 청동기 시대로 거슬러 올라가며 근대까지 이어진 것도 있다. 주로 고인돌의 뚜껑이나 선돌의 받침대, 제단으로 쓰인 바위, 서당의 주춧돌 등에 새겼으며, 많게는 수백 개, 적게는 수십 개로 그 크기가 다양했다.

성혈은 유럽, 호주, 하와이 등 태평양 제도 전역, 북아메리카, 인도, 이스라엘, 멕시코 및 남아메리카 일대까지 전 세계의 거석

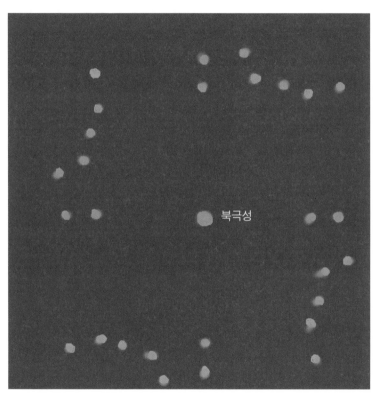

북극성

– 북극성을 중심으로 도는 북두칠성

숭배 문화에서 서로 비슷한 형태로 발견되었다. 모두 내세, 승리, 풍요, 기우, 다산, 치유 등을 비는 종교 및 의식 목적으로 사용된 것으로, 돌이나 금속 또는 나무로 만든 기도 막대prayer sticks를 바위에 대고 소원을 빌며 양손으로 비벼 돌려 파서 제작하였다.

수천 년 전의 이러한 기도 습성을 그대로 간직하고 있는 민족이 놀랍게도 한민족이다. 한민족만이 지금도 당시의 습관대로 손을 비비면서 기도를 하기 때문이다. 그리고 단일 지역에서 세계에서 가장 많은 고인돌이 있는 지역이다 보니, 성혈이 새겨진 바위도 많이 전하고 있다.

Specifically, that the rock was the entrance to the supernatural world and grinding cupules into it allowed access to the supernatural power contained therein.

(특히 그 바위는 초자연적인 세계로 들어가는 입구였으며 그 안으로 들어가는 둥근 돌은 그 안에 담긴 초자연적인 힘에 접근할 수 있게 해주었다.)

— 고고학자 데이비드 휘틀리David S. Whitley, 1953~

손도장Hand stencil 기도법

사람의 손은 실용적인 측면에서 사회의 창조적, 언어적, 감각적, 예술적 부분을 담당하는 중심수단으로 인류의 삶에 지대한 공헌을 해왔다. 인간의 손은 각 개인이 손의 모양이나 그 고유한 지문 문양이 모두 달랐다. 심지어 쌍둥이도 그 형태가 서로 달랐다. 그래서 손은 곧 나를 대표했다. 다양한 문화권에서 나를 대표하는 상징으로 인정해 손바닥 수결이나 지문을 서명 또는 고유한 식별 수단으로 사용하였다.

인류의 손은 종교적인 측면에서 그 활용성이 더욱 빛났다. 손은 나를 가장 강조하는 대표성으로 신과 연결하는 나만의 안테나 역할을 했다. 초기 인류는 그들의 손에 조상이나 정령의 영혼이 깃든다고 믿었고, 신내림을 함으로써 손을 통해 축복과 힘을 받는다고 믿었다. 그리고 부족의 안정과 평화, 사냥의 성공, 농사 풍년, 싸움의 승리 등을 빌며 그 발원의 구체적인 표현으로 바위에 손도장hand stencil을 남겼다.

핸드 스텐실hand stencil은 손을 바위 벽면에 붙이고 염료를 뿜어내어 모양을 찍는 방식을 말한다. 그에 대한 과거의 증거는 세계 곳곳에 무궁무진하다.

근대까지는 1879년 고고학자 사우투올라와 8살 딸 마리아가 발견한 스페인 알타미라Altamira 동굴 암벽화가 인류 최초의 손도장 유적이었다. 15,000여 년 전 구석기 크로마뇽인의 작품으로 알려진 이 암벽화에는 수십 마리의 들소, 사슴, 멧돼지 등과 함께 손 그림이 입체적으로 선명하게 그려져 있다.

1960년대에 이르러 아르헨티나 리오 핀투라스Rio Pinturas의 거대한 협곡에 자리한 '손의 동굴Cueva de las Manos' 암벽화가 새롭게 발견되었다. 무려 9,500~13,000년 전 이 지방에 거주하고 있던 원주민 테우엘체Tehuelche족의 조상들이 그린 수십 명의 손 형체가 스텐실 기법으로 입구를 장식해서 '손의 동굴'이라는 이름이 붙었다.

이들은 남아메리카 초기 인류 문명의 증거로 광대한 지역에 그들의 주식이었던 야생 라마 과나코의 그림과 함께, 동물과 인물이 역동적이고 자연적으로 상호 작용하는 모습을 묘사한 사냥 장면이 집중적으로 나타나고 있어 당시 원주민의 개인적인 염원을 짐작할 수 있다.

이때까지 고고학은 삽과 솔과 열정의 시대였지만, 현대에 들어 방사성 연대 측정 기술, 3D 스캐너 기술, 디지털 복원 기술 등 첨단과학 기술의 발달로 수만 년 전 유적의 비밀이 그 모습을 드러

— 보르네오 손도장(출처: 위키미디어)

내었다.

1994년 프랑스 남부의 아르데슈강 계곡을 탐험하던 쇼베Chauvet 일행은 바위틈에서 나오는 찬 기류를 느끼고 바위를 들어내자, 수만여 년 전에 봉인된 동굴 속에서 엄청난 바위 그림을 발견하였다. 그것은 지금까지 인류가 경험해 보지 못한 가장 강렬하고 심오하고 완벽하게 보존된 암벽화로, 무려 약 30,000~32,000년 전의 것으로 판명되었다.

탐험대장 이름을 따서 '쇼베 동굴'로 명명된 이 동굴은 3만 년 전 것이라고 믿어지지 않을 만큼 사자, 코뿔소, 들소, 곰, 말 그림뿐만 아니라, 지금은 멸종된 동굴곰, 동굴사자, 바이손, 매머드 등이 입체적으로 묘사되어 있었다. 그리고 알 수 없는 기호와 풍요를 상징하는 여인의 몸과 제사장으로 보이는 180㎝ 키의 새끼손가락이 굽은 오래된 손도장 암벽화가 선명하게 남아 있었다.

이 쇼베 동굴의 발견으로 구석기 후기 오리냐크Aurignac기 인간들의 활동 모습과 당시의 생태계, 문화, 예술, 의식 등을 살펴볼 수 있었다. 프랑스 당국은 이 쇼베 동굴의 출입을 엄격히 통제하며, 복제 동굴을 만들어 전시하고 있다.

그러나 기록은 항상 깨지는 법이었다. 가까운 2018년 호주 그리피스대와 인도네시아 국립 고고학연구센터 공동연구팀은 보르네오Borneo섬 밀림 동굴에서 놀라운 동굴벽화를 발견하였다.

그것은 50,000여 년 전에서 30,000여 년 전의 것으로 추정되는, 동물과 사람의 손 등을 그린 암벽화였다. 특히 30개 동굴에서

1,500개 이상의 손자국을 발견했다. 이 암벽화는 쇼베 동굴 벽화보다 무려 20,000여 년을 앞서는 것으로 현생인류가 아닌 네안데르탈인이 그렸을 것으로 추정된다. 이 발견으로 인류가 손으로 신과 소통하려 한 역사를 그만큼 앞당겼다.

수렵과 채집으로 연명하던 선사인들의 염원도 오늘날 우리와 크게 다르지 않았다. 그것은 부족과 가족의 안정된 생활과 먹을거리 걱정이 없는 풍요豊饒였다. 그래서 사냥의 성공을 빌며 신성한 바위에 잡고 싶은 사자, 매머드, 코뿔소, 들소, 곰, 말, 사슴, 멧돼지 등의 짐승을 그리고, 그 간절한 염원을 담은 손을 핸드 스텐실hand stencil로 표현한 것이다.

성혈cup mark의 탄생

성혈은 인간의 손으로 바위나 돌에 새긴 신앙적인 굼을 말한다. 손은 인간의 어깨와 팔 끝에 이어진 신체 일부로 손바닥, 손등, 그리고 다섯 개의 손가락으로 이루어져 있다. 손은 일반적으로 인간에게만 쓰는 말로, 동물은 앞발로 표현한다. 인간은 손을 자유자재로 쓸 수 있어 마음대로 쥐거나, 잡거나, 주무를 수가 있다. 그래서 손은 인간의 문명 창조와 후대 교육의 원천이며, 인간을 만물의 영장으로 군림하게 한 일등 공신이다.

고대에는 인체에서 뻗어 나온 손과 발을 모두 상고어로 '받'이라 했다. 지금도 사용하고 있는 우리말 발, 팔, 뺨, 뻗다, 받다, 바꾸다에 그 흔적이 있다. 발을 의미하는 영어의 foot[풋], 독일어 Bein[바인] 등과 일본어 足[바시)아시], 몽골어 [볼트)홀트]도 모두 여기에서 파생된 말이다.

불과 물은 전혀 다른 성질을 지칭하는 말이지만, 'ㅂ/ㅁ'이라는 음소 하나의 차이로 최소 대립을 이루며 같이 존재하는 말이다.

발을 지칭하던 '받'도 마찬가지였다. 사람을 걷게 하는 받foot은 발로 고정되어 남았지만, 끊임없이 뭔가를 만드는 또 다른 받hand 은 '불/물'의 'ㅂ/ㅁ'같이 최소 대립을 이루어 '맏'으로 독립했다.

'맏'의 흔적은 우리말에서 만지다, 만들다, 나물, 조물조물, 주물럭 등에 살아있고, '맏'이 두 개이기에 가능한 '맞, 마주'와 같이 맞잡다, 맞닥뜨리다, 맞붙다, 맞장구, 마땅하다는 말에 그 흔적이 있다. 손을 의미하는 영어 hand도 [만드〉핸드]의 변이된 말이다. 영어의 manual[매뉴얼], massage[마사지], manicure[매니큐어] 등이 손을 뜻하는 어근 '맏'과 무관하지 않다.

우리말의 동사 중에 어떤 행위를 뜻하는 동사로 가장 많이 쓰이는 '하다'라는 말도 hand와 무관하지 않다. 영어권에서 hand 는 손을 의미하고, 손가락은 '손을 펴다'라는 뜻의 finger[핑거]로 발전했다.

사실 손이 하는 모든 일은 끝에 가늘게 솟아있는, 폭이 좁고 가늘고 긴 다섯 개의 가락이 거의 다 했다. 그로 인해 생긴 말이 '손'이었다. 우리말 '손'은 '솔다'의 명사형으로 오솔길, 소나무, 화살, 쏘다 등에 그 자국이 뚜렷하다. 모두 길고 가늘고 솟아 있다는 의미이다. 한자어 수手, 중국어 手[쇼외], 일본어는 手[슈], 몽골어에서는 [가르], 영어에서 외과 의사를 뜻하는 surgeon[서전] 이라는 말도 모두 '손, 가락'의 음가에서 생긴 말이다.

손은 단순하게 사물을 만드는 것에서 끝나지 않았다. 인류는 오랜 과거부터 손동작을 비롯한 손 신호로 생각을 전달하는 법을 알고 있었다. 언어言語, language는 생각이나 느낌을 전달하는 일반적인 의사소통 수단으로 말이나 글을 의미한다. 그러나 공동체마다 서로 다른 말과 글은 그 한계가 있었다. 인류는 손의 움직임을 이용해 시각적인 언어를 구사하여 자기 의사를 표현할 수 있었기에 인간 대 인간, 인간 대 자연, 인간 대 신의 소통 수단으로 발전시켰다.

이 기초적이고 보편적이고 알기 쉬운 소통법은 지금도 세계 각국에서 널리 쓰이고 있다. 두 사람이 하는 악수는 친분을 나누는 언어이고, 손을 흔드는 것은 만날 때는 반가움의 표시이고 헤어질 때는 안녕을 비는 언어였다. 손가락 중에서 엄지를 치켜세우면 '최고다'라는 소리요, 반대로 다른 손가락을 이용한 욕 말도 문화권마다 다양하게 존재한다.

손뼉을 치는 것도 칭찬의 언어이다. 우리 문화에서 손으로 머리를 쓰다듬어 주거나, 어깨를 다독거려 주는 것도 격려의 언어다. 한 손을 치켜들면 '내가 하겠다'라는 언어이고, 한 손바닥을 보이면 맹세를 의미했다. 또 양 손바닥을 펴 보이는 것은 '나도 어쩔 수가 없다'이고, 손사래를 치는 것은 강력한 거부의 언어였다.

한 손이나 두 손으로 손바닥을 마주치면 같은 마음이라는 표시고, 강강술래 방식으로 손에 손 잡고는 강한 유대감을 의미했다. 주먹을 불끈 쥐면 다짐의 표시이고, 들고 흔들면 항의 언어였다. 그리고 최종적으로 손가락을 절단하는 것은 목숨을 건 강력한 동맹이나 결사 항전의 맹세를 결의하는 언어였다. 젊은 남녀의 사랑 표시도 손을 잡는 것으로 시작했다. 새끼손가락을 걸면 사랑의 약속이고, 손가락에 반지를 끼우면 두 사람의 결합을 의미했다.

병사가 두 손을 번쩍 드는 것은 승리했을 때 기쁨의 표현이면서, 패배했을 때는 항복의 언어이기도 했다. 병사가 한 손을 올려서 하는 거수경례는 최고의 경의와 존중을 표하는 언어이다. 세계 각국에서 거의 사용하는 이 경례법은 중세 유럽에서 상관 앞에서 예의로 투구를 벗는 대신 오른손으로 모자를 벗는 흉내를 낸 것에서 유래했다. 흔히 나치식 경례라고 알고 있는 오른팔을 곧게 뻗어 대각선으로 드는 거수경례는 오른손에 무기가 없다는 것을 보여주는 로마군의 경례방식에서 유래했다.

손은 오늘날에도 인간에게 유용가치가 무한한 존재이다. 손으로 직접 만든 수제품手製品, handmade이 아무리 기계 문명이 발전해도 오늘날까지 세계 어디서라도 높은 가격을 유지하는 이유는 인간의 정성과 혼이 깃들었기 때문일 것이다.

한민족은 특히 대오리와 말총으로 갓을 만들 정도로 손재주가 뛰어나고 손에 과학적으로 규명하기 힘든 기운이 감돌았다. 그래서 손을 사용해서 조절하는 감각이 탁월하여 사격, 활쏘기, 야구, 골프 등의 스포츠에도 강했다. 번역하기도 힘든 우리만의 느낌인 손맛, 약손, 손때라는 말이 탄생한 배경이기도 했다. 과학으로 규명할 수 없는, 신과 통하는 손의 위력이 있는 것이 분명했다.

지성감천至誠感天이란 말이 있다. '무슨 일에 더할 수 없이 지극한 정성을 들이면 하늘도 감동한다.' 라는 뜻이다. 『中庸중용』에 '至誠如神(지극한 정성은 신과 같다.)' 라고 했듯이 예부터 손은 지극 정성의 간절한 마음을 표현하고 하늘에 전달하는 강력한 안테나 구실을 하였다.

그래서 고대부터 신에게 그 종교적 절실함을 보이기 위해 손가 락을 스스로 절단하는 행위가 있었다. 이것은 구석기 시대 초기 의 관례였으며 오늘날에도 여러 종교에서 심심찮게 발견할 수 있 다.

이러한 행위는 종교적 진화 과정에도 불구하고, 오늘날까지 의 지 표현을 위해 고의로 자기 몸에 상처를 내거나, 불 속을 걸어 다니거나, 오체투지, 단식 등의 행위로 확대되었다.

바위에 새기는 성혈도 일반적으로 불가능한 것을 가능으로 이 끄는 이러한 지극정성의 맥락에서 이해할 수 있다. 고대인들은 바위를 영원불멸의 영속성, 견고성, 거대함, 생명력 등으로 주술 적 힘을 가진 신앙의 대상으로 여겼다. 그래서 이 거대하고 단단 한 주물呪物에 지극정성으로 굼을 파며 소망을 새겨 넣음으로써 불변하는 바위의 힘이 내 소망과 하나로 어우러진다는 강한 믿음 이 있었다.

온 힘을 다해 바위에 굼을 파는 행위는 이미 구석기 시대부터 인간이 인공적인 힘을 가해 자연으로부터 불을 얻는 마찰 행위에 서 기인했다. 불은 애초에 화산 분출이나 자연적 산불, 벼락 등을 통해 얻는 신의 선물이었다.

불은 무엇보다도 가혹한 빙하기에 추위를 이겨내게 하였고, 음식을 익혀 먹는 화식을 알게 하였고, 맹수로부터 보호하는 무기가 되기도 하였다. 그래서 귀한 불씨를 꺼트리지 않으려고 화덕을 발명하였고, 훗날 마른 나무를 손으로 비벼 마찰하여 드디어 인공적인 불을 얻는 데 성공하였다.

마른 나무토막 위에 둥근 막대를 돌려 불을 발견한 인간은 이와 같은 방법으로 바위에 신성한 힘을 유지하고, 소통하고, 증대시키기 위해 나무나 돌 등을 손으로 돌려 마찰을 일으키는 강력한 기도 방법을 사용하였다.

세계에 분포하는 고대 암각화를 살펴보면 제사장의 손과 발은 괴이하다 싶게 큰 나뭇가지처럼 묘사하여 신과 교신을 하고 있다. 세계 어디를 가나 크고 오래된 나무를 신성시하는 수목樹木숭배가 있다. 특히 우리나라 사람들의 수목 신앙은 유별나게 뿌리가 깊어 지금까지도 전해진다.

단군신화에서 신단수神壇樹라는 나무를 타고 환웅이 지상으로 내려왔듯이 지금도 마을마다 수호목인 당산나무가 있다. 그들에게 키가 큰 신성한 나무는 땅과 하늘을 가깝게 이어주고 소통할 수 있는 우주목宇宙木 안테나와 다름없었다. 고대 암각화에 샤먼의 손을 나뭇가지같이 표현한 것도 이러한 맥락이었다.

이처럼 인간의 뜻을 전달하는 안테나 구실을 했던 손이 물감을 뿌리는 스텐실stencil 기법에서, 직접 바위에 손을 그리는 암각화 기법을 거쳐, 손과 나무를 일체화하여 손으로 기도 막대를 이용하는 데까지 진화하였다.

전통적으로 신의 보호와 축복과 힘을 받기 위해 그렇게 돌리는 마법의 막대를 통칭 기도 막대prayer stick라고 불렀고, 아메리카 원주민의 말로는 파호스pahos, 아이누 원주민은 이쿠파수이Ikupasuy라고 불렀다. 아쉽게도 우리 문화에는 기도 막대는 사라지고 없는 상태라, 이웃 아이누 민속이나 아메리카 원주민의 민속으로 추정할 수밖에 없다. 다만 반구대 암각화에만 기도 막대를 든 제사장으로 추정되는 모습이 있을 뿐이다.

특히 일본 홋카이도, 러시아의 사할린, 쿠릴열도, 캄차카반도 등에 걸쳐 사는 아이누족의 기도 막대 이쿠파수이는 그 봉의 끝 모양이 뾰족하고, 기도를 올릴 때 술에 적시는 것을 보면 우리 성혈 풍속과 무관하지 않다.

기도 막대는 주로 부족에서 선택한 신성한 나무에서, 특별히 목신에게 허락을 구한 다음 채취했다. 일반적으로 반 팔 길이의 길고 가는 막대를 사용하지만, 그 크기도 천차만별이었다. 아이누족은 먼저 나무의 껍질을 벗기고 특별한 문양을 그려 넣거나 문자와 상징 그림을 조각하였고, 아메리카 원주민은 같은 방식이지만 사슴 가죽으로 기도 막대를 싸고, 장식으로 영혼을 불러오는 새의 깃털을 붙인 형태였다.

이 기도 막대를 만들고 간구하는 것은 제사장에게만 국한된 것이 아니었다. 가족의 기도 막대가 따로 있고, 개인의 것도 따로 존재했다.

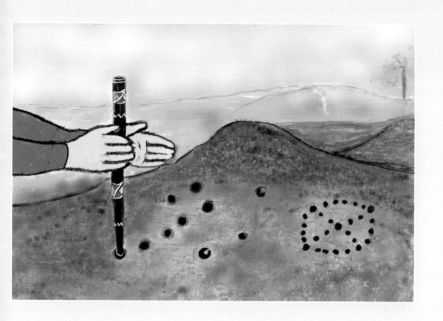

　오늘날 우리는 기도 막대는 상실하였지만 "지성이 지극하면 돌에도 꽃이 핀다.", "진정에는 바윗돌도 녹는다."라는 말이 그대로 살아있다. 두 손으로 기도 막대를 싸안고 바위에 싹싹 돌리면서 일심으로 기도했던 강력한 습관이 한민족의 '두 손을 모아 비비는 독특한 기도법'을 만든 것은 틀림없는 사실이다.

　오늘날 이 땅에 산재해 있는 수많은 성혈은 자신의 소망을 담아 지금은 사라진 기도 막대로 정성껏 바위를 돌린 흔적이었다. 그 중심에 북두칠성 성혈이 있었다.

윷점과 늦뛰기

우리 선조의 세계관에서 세상 만물을 이루는 하늘, 땅, 인간, 이 세 가지는 서로 밀접하게 연결된 유기적 관계로 인식되었다. 그래서 하늘이 관장하는 홍수, 가뭄, 태풍, 땅이 관장하는 지진, 화재, 흉년, 인간이 관장하는 전쟁, 역병 등은 모두 이 세 가지 요소의 조화가 깨져서 생기는 일로 판단했다.

윷판 성혈은 북극성을 중심으로 시계 반대 방향으로 동서남북에 배치된 북두칠성의 모습, 그 천구를 한 개의 방과 28개의 밭으로 도식화한 그림이었다. 여기에 예부터 박달나무로 만든 4개의 윷가락으로 하늘을 상징하는 둥근 등 부분과 땅을 상징하는 편평한 배를 던져 나오는 동물들의 상징 수만큼 말을 움직여 중요한 일을 천신과 지신에게 묻고 답을 안내받는 신과의 소통 수단이었다.

'길잡이 별'이라는 명칭에서도 알 수 있듯이 부족의 운명을 좌우하는 목축, 농사, 가뭄, 전쟁, 역병 같은 큰일들은 북두칠성에 길을 묻고, 거기서 나온 해답으로 천지인의 조화와 화해를 갈구하는 것이 윷판 성혈의 비밀 열쇠였다.

윷놀이는 지금은 오락행위로 바뀌었지만, 고대부터 윷을 던져 나오는 패를 보고 집단의 한 해 운수, 농사의 풍흉, 전쟁 여부 등을 묻는 점복 도구였다. 윷놀이의 원류가 신과의 소통 수단인 점복占卜 행위였다는 증거는 여러 곳에서 찾을 수 있다.

世俗除夜元朝以柶擲卦占新歲休咎 占法配以六十四卦 各有繇辭
(세속에 섣달그믐과 정초에 윷을 던져 얻은 괘로 새해의 길흉을 점치는데, 그 점법은 윷으로 64괘 중의 하나를 정해 그 괘에 해당하는 주사로 풀이한다.)
— 홍석모洪錫謨, 1781~1857/『동국세시기東國歲時記』 중에서

첫째, 애초에 윷놀이는 아무 때나 하지 않고, 정월 초하루부터 보름까지, 딱 정초에만 행한다는 기한이 정해져 있다는 점이다.

이는 김매순金邁淳의 『열양세시기洌陽歲時記, 1819』에도 "過望擲柶 禾稻死(보름을 넘겨 윷놀이를 하면 벼가 죽는다.)"라는 금기를 소개할 정도로 19세기 초까지 지켜온 풍속이었음을 알 수 있다.

실학자 유득공柳得恭, 1749~1807은 『경도잡지京都雜志』에서 설날에 윷을 세 번 던져 얻은 괘卦로 주역의 64괘와 연결하여 각각의 주사繇辭를 달아놓기도 했다.

도도도 兒見慈母 어린아이가 자애로운 어머니를 만났다
도도걸 昏夜得燭 어두운 밤에 촛불을 얻다

개걸모 弓得翼箭 활이 살을 얻다

개모개 河魚失水 물고기가 물을 잃다

걸개도 龍頭生角 용 머리에 뿔이 났다

걸개개 貧而且賤 가난하고 천하다

윷개윷 角弓無弦 좋은 활에 활시위가 없다

윷윷걸 飛鳥遇人 나는 새가 사람을 만나다

모걸개 稚兒得寶 어린아이가 보배를 얻다

모모모 哥哥得弟 형이 아우를 얻다

― 『경도잡지京都雜志』 '64괘' 중에서

　실제로 내가 목격한 80년대까지 윷의 고장 안동 지역의 어른들 사이에는 섣달그믐날 밤이나 설날에 윷을 세 번 던져 나오는 괘를 읽어 한 해의 운수를 점치기도 했다. 그리고 지금도 전국의 지역 공동체에서 세시 풍속으로 마을 대항 척사擲柶대회를 개최하며 그 옛날의 농점農占 풍속을 전승하고 있다.

당태종 가일연에 헌수하든 손숙모야

주목왕 요지연에 헌도하든 서왕모냐

의강남수 초당전에 권아옥상 삼중모냐

지상우금 유풍모는 두릉야로 청편이요

만고운소 일우모는 제갈량의 충절이라

― 안동 『저포송摴蒲頌』 「모송毛頌」 중에서

　둘째, 윷판 성혈의 발견 장소가 모두 예사롭지 않은, 선택된 곳에 있다는 점이다.

윷판 성혈은 아무 데나 새기지 않았다. 주로 탁 트인 산 정상의 바위나 암벽, 물이 흐르는 계곡의 중턱 바위나 청동기 시대 고인돌 상판에서 발견되었다. 그리고 고구려 무덤 돌과 조선 시대 산제를 지내는 돌판이나 사찰, 성곽의 주초석 위에 새긴 것도 발견되었다. 하나같이 예사로운 장소가 아닌, 선택받은 장소나 선사 문화에서 신성시한 신접 의례 장소에서 윷점을 보았다는 것을 추정할 수 있다.

셋째, 충무공의 『난중일기亂中日記』 속에 윷을 이용한 척자점擲字占의 생생한 기록이 있다는 점이다.

전쟁은 갈등, 배신, 연합, 복속, 확장 등 복잡한 요소가 얽혀 발생하는 최후 수단이었다. 그래서 전쟁과 점복은 매우 유기적인 관계를 맺고 있었다. 고대부터 전쟁은 반드시 하늘에 제사를 지내고, 소나 말이나 양을 잡아 그 발굽이나 심장 등의 상태를 보아 제사장이 길흉을 판단하고 군사를 움직이는 것이 원칙이었다.

이순신李舜臣, 1545~1598의 『난중일기』에는 10여 차례 척자점擲字占을 본 기록이 남아 있다. 그것도 어떤 이유로 점을 보았으며 나온 괘에 대해서도 구체적으로 묘사하였다.

『난중일기』는 이순신이 전라좌도 수군절도사로 임명되어 내려간 1592년부터 1598년까지의 500여 쪽을 써 내려간 지극히 개인적인 일기였다. 200년이 지난 뒤에 그의 일기를 묶어 '난중일기亂中日記'라고 붙였다. 일기라는 것이 다 그렇듯이 날씨, 가족 이야기, 인간적인 좌절과 고통, 병마와의 싸움, 장졸들과의 갈등,

심지어는 밥상에 오른 좁쌀밥, 연포탕, 무김치, 청어, 술 등의 이야기가 일기체로 묘사되어 있다.

척자점을 본 상황을 묘사한 일기도 그랬다. 전선에서 군사들의 목숨을 책임지는 수군 장수로서 이순신은 척자점을 깊이 신뢰하고 있었다. 그리고 그 괘가 맞으면 매우 오묘하다고 찬탄하기도 했다. 그 기록의 대부분은 적과의 대치 상황에서 전투의 출전 여부, 전황의 길흉, 그리고 수군답게 기상을 살펴보는 윷점 등이 압도적으로 많다.

새벽에 촛불을 밝히고 홀로 앉아 적을 치는 일에 대해 길흉을 점 쳤더니 처음에는 '如弓得箭(활이 화살을 얻은 것과 같다)' 라는 괘가 나오고, 다시 점을 쳤더니 '如山不動(산이 움직이지 않는 것과 같다)' 라는 괘가 나왔다. 바람이 불순하여 흥도 안쪽 바다로 진을 옮겨서 머물렀다.

– 『난중일기』, 1594년 9월 28일

이른 아침에 왜적이 다시 나타날지를 점치자 '如車無輪(수레의 양쪽 바퀴가 없는 것과 같다)' 라는 점괘가 나왔다. 다시 점치니 '如見君王(군왕을 뵙는 것과 같다)' 는 점괘가 나왔다. 모두 기쁘고 길한 괘였다.

– 『난중일기』, 1596년 1월 10일

그중에는 아내 방씨와 아들 면과 영의정 류성룡의 병세에 대한 걱정으로 척자점을 본 기록도 있다. 전선을 반드시 지켜야만 하는 장수로서, 가족과 벗의 병중 소식에 지아비와 아버지와 벗으로서 속만 태우는 딱한 고뇌를 느낄 수 있다.

> 이른 아침에 손을 씻고 조용히 앉아 아내의 병세를 점쳐보니 '如僧還俗(중이 속세에 돌아오는 것과 같다)'라고 하였다. 다시 쳤더니 '如疑得喜(의심하다가 기쁨을 얻은 것과 같다)'라는 괘를 얻었다. 매우 길하다.
> — 『난중일기』, 1594년 9월 1일

> 홀로 앉아 아들 면의 병세가 어떤지 척자점을 치자, '如見君王(군왕을 만나는 것과 같다)'라는 괘가 나와 매우 길하였다. 다시 치니, '如夜得燈(어두운 밤에 등불을 얻은 것과 같다)'라는 괘가 나왔다. 두 괘가 모두 길하여 마음이 놓였다. 또한 류성룡 재상에 대해 점을 쳤다. 결과는 '如海得船(바다에서 배를 얻은 것과 같다)'라는 괘를 얻었다. 다시 점을 치니, '如疑得喜(의심한 일이 기쁨을 얻는 것과 같다)'라는 괘를 얻었다. 아주 길하고 길하다.
> — 『난중일기』, 1594년 7월 13일

이순신의 일기에 나오는 척자점에 대한 기록은 세시풍속으로 국한되었던 윷점이 꼭 이겨야 살아남는 절박한 수군 작전의 점복으로도 쓰였다는 점과 윷점의 풍속이 이미 조선 중기에 양반 사대부들 사이에도 널리 유행하고 있었다는 점을 보여주는 귀한 자료가 되고 있다.

조선 후기에는 정초뿐만 아니라 수시로 윷을 던져 나오는 괘로 척사점을 친 것으로 보인다. 괘에 대한 해석이 수록된 『만보오길

방萬寶五吉方』, 『직성행연법』, 『윷점책』, 『윷점』 같은 점술서가 일
반화되어 민간에도 널리 퍼졌다.

넷째, 19세기 후반까지 불리었던 '늇뛰고', '늇뛰기'라는 명칭
에 점복 형식이었다는 증거가 남아있다.

19세기 말에 그렸다는 김준근金俊根의 〈기산풍속도箕山風俗圖〉를
보면 현재의 윷놀이를 '늇뛰는 모양' 또는 '늇뛰고'라고 한글 표
기로 적고 있다. 자연계의 현상이나 임의로 나타난 경우의 숫자
를 통해 길흉화복을 알아보는 것이 점卜, divination이요, 그 처지를
나타낸 해답을 복卜이라 했다.

복卜은 고대에 거북의 껍질을 태워 갈라진 모양을 나타내는 그
림이다. 이 글자, 그림, 끗수로 표시된 상징적 기호를 주역에서는
괘卦라고 했고, 노름에서는 패牌라고 했고, 그것을 임의로 도출하
는 행위를 떼기/띠기라고 했다.

이러한 점복의 방식을 민간에서는 예부터 운수띠기, 재수보기
라고도 했다. 아마 윷점이나 윷놀이도 이러한 연유로, 당시에 길
흉화복을 점치는 도구로 인식하여 늇뛰고, 늇뛰기라고 한 것으로
보인다.

한편 스튜어트 컬린Stewart Culin이 쓴 『조선의 놀이Korean games,
1895』에도 'Nyout-nol-ki' 또는 'Nyout playing'라고 되어있는 것
을 보면, 19세기 말에 적어도 민간에서는 유희로 하는, 또는 윷점
을 보는 윷놀기, 윷놀이, 늇뛰고, 늇뛰기 등 다양한 형태의 윷이
있었다는 것을 알 수 있다.

척사의식에서 윷놀이 보드게임으로

인간의 삶은 언제나 희망과 공포가 뒤섞여 불완전했다. 그러나 인간에게는 미래를 알 수 있는 예지능력이 없었다. 그래서 고대 인들은 윷판이라는 천문의 상징을 통해 미래에 발생할 어떠한 일을 미리 헤아려 판단하고 대비하고자 윷점을 보았다.

윷놀이는 말 4개가 윷판의 출발점에서 시작하여 가장 빠른 길로 한 바퀴를 돌아 도착점으로 들어와 넉동이 나면 끝났다. 그런데 이것이 어느 정도 운도 따라야 하고, 또 말을 쓰는 전략적 가변성이 있어 결코 쉬운 일이 아니었다.

일단 윷을 던져 떨어질 때 나타나는 윷가락이 뒤집히거나 엎어진 형태에 따라 말을 움직였다. 이것부터가 잘하고 못하고가 없었다. 실력이나 경력과는 아무 관련 없이 그날의 확률 운에 따라 결정되었다. "첫 모 방정에 새 까먹는다."라고 모나 윷이 나와서 한 번 더 던진다고 좋아할 일도 아니고, "첫 도가 세간 밑천이다.", "도긴개긴"이라고 도나 개가 나왔다고 실망할 일도 없었다.

앞서고 뒤서고, 잡고 잡히고, 살고 죽고, 업고 달리는 윷말의 운용 방법도 윷놀이 판의 큰 변수였다. 아무리 좋은 끗수가 나와도 윷말을 잘못 쓰면 말짱 도루묵이었다. 상대편 윷말을 피해서 요리조리 달리고 지름길로 빠지고 멀리 돌기도 하며, 때로는 업고 달리고, 상대편 윷말의 덜미를 잡아 다시 출발점에 세우기도 했다. 한 점이면 나는데 뒷도가 나와 낭패를 보기도 하고, 드물게 도에 뒷도가 나와 바로 한 동이 나기도 했다.

윷놀이는 시작부터 끝날 때까지 변수가 하도 많아 결과를 알 수 없는 모호성으로 인해 돌고 도는 우리네 인생사와 너무 닮아 있었다. "인생사 새옹지마塞翁之馬"라는 말과 같이 윷판의 끗수에 상응하여 "인생 까짓것 모 아니면 도"라는 말을 탄생시켰다.

이렇게 윷놀이는 오랜 경험을 통하여 설사 정해진 운명이 있더라도 인간의 운용 원리에 따라 길복吉福은 그대로 살리고, 흉화凶禍는 피하고 잡는 묘법을 제시하였다.

철기 시대에 접어들어 고대 국가가 성립하면서도 일월성신日月星辰을 숭배하는 사상은 왕권, 정치, 농업, 국방, 기후 등으로 더욱 확대되었다. 고구려에는 일자日者가 있었고, 백제에는 일관부日官部, 신라에는 일관日官, 사천대박사司天大博士, 고려는 서운관書雲觀, 조선은 관상감觀象監이 있었다.

그리고 윷판의 제의적인 특성은 운수성, 확률성, 우연성 등으로 일상적인 삶에서 벗어나 일정한 약속 아래에서 서양의 카드나 주사위같이 승부를 다투는 긴장과 전율과 역전의 오락적 특성으로 발전하였다.

이게저게　다버리고　서문부정　축한게야
산호고수　육칠척은　보배자랑　왕게로다
상인삼척　비수검은　협수고풍　형제로다
동문에　　괴관하고　영수에　　세이하니
수부허유　절개로다　수양산은　고사리
게상을　　채였으니　백이수제　절개로다
　－ 안동『저포송摴蒲頌』「개송介頌」 중에서

　한 시대의 운명을 이끌었던 윷판 성혈은 아무도 찾지 않는 쓸
쓸한 역사의 흔적으로 퇴장하였다. 문명 발전은 퇴화와 진화의
시행착오를 통해 인류의 수많은 종교와 사상, 철학과 과학을 바
꾸어 놓았다. 언어와 문자를 통해 지식을 습득한 인류는 폭발적
인 경쟁과 협력, 소통을 통해 진화를 거듭하면서 새로운 종교의
유입으로 앞서 존재했던 종교적인 행위는 점점 잊혀갔다.
　청동기 시절 이전에 제작된 윷판 성혈을 비롯한 일반 성혈은
특별히 선택된 바위에 그렸기 때문에 여전히 다산, 합격, 가뭄,
기우를 비는 원시 신앙 형태로 세월이 흐른 오늘날까지 온전하게
전해질 수 있었다. 삼신각이나 칠성각같이 새로운 종교에 흡수되
어 융합된 형태로 변모하거나 아예 새로운 종교의 유입으로 사라
진 것도 많았다. 그렇지 않으면 기존에 존재하던 신앙상징에 신
흥 종교 성물로 덮어버리는 종교 탄압적인 고압적 행태가 자행되

– 충북 영동 천태산 윷판 성혈

기도 했다.

　잉카제국을 침범한 스페인 선교사들은 기존의 태양신을 억누르기 위하여 잉카제국 시대의 대신전 코리칸차Coricancha를 허물고 그 위에 성당을 올렸다. 또 러시아의 상트페테르부르크 인근 주민들이 섬기던 신성한 말바위Horse Stone 위에도 정교회 예배당을 올려놓았다. 울산시 어물동의 방바위 윷판 성혈 위에도 훗날 들어온 불교가 이보다 상위 개념이라는 상징적인 의미로 거대한 바위벽에 마애여래좌상과 일광보살, 월광보살을 새겨넣었다.

　종교적인 환경에서 신탁으로 예언 역할을 담당하며 공동체의 문화적 사회적 유대관계의 구심점이었던 척사의식은 세월의 흐름에 따라서 모양은 그대로 간직한 채 욕망, 소통, 오락, 경쟁의 집단 보드게임 윷놀이로 진화하였다.

스튜어트 컬린의 Nyout

1893년 콜럼버스의 신대륙 발견 400주년을 기념하기 위해 시카고에서 5월 1일부터 10월 30일까지 세계 컬럼비아 박람회The World's Columbian Exposition가 열렸다.

조선도 1882년 미국과 수교한 탓에 47개국의 일원으로 만국박람회에 비공식적인 초청장을 받았다. 국내외의 여러 사건으로 혼란스러웠던 조선 조정도 참의내무부사 정경원을 단장으로 행정사무원 최문현, 통역사 안기선, 그리고 축하 사절 국악단원 10명 등 모두 13명이 참가하였다.

한옥으로 만든 7평 남짓의 박람회 부스에 "대죠선/Korea"라는 국호와 태극기를 걸고, 가져간 옷감, 가마, 도자기, 문구, 자개장, 병풍, 악기, 바둑판, 연 등과 각종 놀이 기구를 서구사회에 최초로 소개하였다. 동아시아 낯선 은자의 왕국으로 알려진 대죠선의 박람회 부스는 구석진 자리에 작은 넓이였고, 전시된 물품도 초라하여 중국 부스와 일본 부스에 비교하면 관람객의 호응은 실망

스러웠다.

공식적인 영어통역관도 없어 관람객과의 소통도 어려워, 질문에 대답하는 것을 피하고자 아예 이런 문구를 전시관 벽에 부착하기도 했다.

The Koreans do not speak the Chinese language and their language resembles neither the Chinese nor the Japanese.
(조선인들은 중국어를 말하지 않으며 그들의 언어는 중국인도 일본인도 닮지 않았다.)

그런데 아무도 관심을 두지 않는 초라한 전시관을 눈여겨본 한 사람이 있었다. 35세의 박람회 큐레이터로, 민속학을 공부하는 청년이었다. 당시 그는 중국의 놀이 문화 연구에 푹 빠져 있던 민속학도로, 비교 차원에서 대죠선관을 들러 조선의 놀이 도구를 처음 접했다.

그리고 조선 사절단들과 실제로 게임을 해보기도 하면서 5개월 동안 하루도 빠짐없이 소통하며 조선의 놀이문화에 흠뻑 매료되어 깊이 연구하였다. 그 청년은 훗날 전 세계적인 놀이문화의 최고 권위자이고 민속학자, 문화인류학자가 된 박물관계의 거물 스튜어트 컬린Stewart Culin, 1858~1929이었다.

특히 그는 중국보다 방대한 조선 게임의 양에 적지 않게 놀랐고, 게임에 담겨있는 수리적인 체계와 철학적 사고, 우주적 원리에 감동하여 2년 동안 조선의 유학생들과 역관 등을 통해 방대한 놀이문화 자료를 수집했다. 그리고 1895년 펜실베이니아 대학교 박물관의 관장으로 있을 때 중국과 일본의 해당 게임에 대한 주석이 있는 『조선의 놀이Korean games with notes on the corresponding games of China and Japan』라는 책을 550부 한정 발간하였다.

그가 집필한 『조선의 놀이Korean games』의 내용은 놀라웠다. 책의 겉표지는 태극기 문양을 그대로 사용하였고, 부제로 '四海一家사해일가'라는 한자어를 덧붙였다. 이 책이 예사롭지 않은 것은 97종에 달하는 조선의 전통 놀이를 일목요연하게 중국과 일본의 놀이와 비교하며 상세하게 소개했기 때문이다. 그중에는 일제강점기를 통해 사라진 우리 놀이도 많이 있었다. 그리고 독자의 이해를 돕기 위해 백방으로 수소문해서 구한, 무려 173개의 삽화, 사진, 스케치가 사용되었다.

특히 놀이에 대한 자세한 설명을 위해 22점의 컬러 삽화가 수록되어 있는데, 당시 풍속 화가로 외국인들에게 더 유명했던 기산箕山 김준근金俊根의 작품이었다. 이 그림은 1886년 미국인 메리 슈펠트Mary Acromfie Shufeldt가 동래의 초량에서 김준근으로부터 사들인 것을 인용한 것이었다. 메리 슈펠트는 조미수호통상조약(1882)의 미국 측 대표 슈펠트R.W. Shufeldt 제독의 딸로, 고종의 초청으로 1886년 조선을 방문하였다.

놀이 민속 전문가였던 스튜어트 컬린은 조선의 게임을 연구하면서, 다양하게 발달한 풍성한 조선의 놀이를 보고 조선을 게임의 종주국이라 표현했다.

KOREAN GAMES

WITH

NOTES ON THE CORRESPONDING GAMES

OF

CHINA AND JAPAN

BY 1895

STEWART CULIN

Director of the Museum of Archaeology and Paleontology, University of Pennsylvania

PHILADELPHIA
UNIVERSITY OF PENNSYLVANIA
1895

− 스튜어트 컬린, 『조선의 놀이|Korean games』

그는 특히 조선의 윷놀이Nyout playing에 우주론적 이론cosmological theory과 점성학astrology이 담겨있다며 강력한 매력을 느꼈다. 1895년『조선의 놀이Korean Games』책자에서도 많은 부분을 윷놀이에 할애했고, 이어서 집필한『체스와 카드놀이Chess and Playing-cards, 1896』에서는 맨 첫 페이지부터 많은 윷판을 곁들여 자세하게 소개하고 있다.

이렇게 동아시아의 작은 나라에서 태어난 윷놀이는 한 번도 한국을 방문해 본 적 없는 30대 문화인류학자 스튜어트 컬린Stewart Culin에 의해 국제적인 주목을 받게 되었다.

프랭크 쿠싱Frank Cushing과
스튜어트 컬린Stewart Culin

스튜어트 컬린Stewart Culin은 1858년 필라델피아에서 태어났다. 어린 시절부터 차이나타운에서 사업을 하는 아버지의 영향으로 자연스럽게 중국어를 배웠고, 중국의 다양한 문화와 의식에 관하여 연구를 하였다. 그는 차이나타운 중국인의 사회 관습에 관한 다수의 논문을 발표했고, 이로 인해 미국 최초의 인류학과 교수가 된 저명한 인류학자 브린턴Daniel G. Brinton, 1837~1899의 지도를 받았다.

호기심 많은 스튜어트 컬린의 최고 관심사는 세계에 분포하는 체스, 카드, 보드게임, 퍼즐, 마리오네트 등과 같은 놀이문화였다. 그래서 그는 '게임 백과사전'이라는 별명으로 불렸다. 그는 게임을 단순한 오락이 아니라 기회와 확률 그리고 점괘와 미래를 예언하는 연결고리로 보고, 그것이 인간 행동에 독특한 통찰력을 제공하는 문화의 필수적인 부분으로 보았다. 특히 그는 1887년 작성한 『미국 속의 중국China In America』을 시작으로 중국의 종교,

점술, 의료, 게임 관련 유물과 도구를 수집하고, 세부적인 기록을 남겼다.

1891년 가을, 컬린은 시카고에서 박람회를 준비하던 중 아메리카 원주민 게임 연구의 아버지라고 불린 선구적인 민속학자 프랭크 해밀턴 쿠싱Frank H. Cushing, 1857~1900을 운명적으로 만났다.

쿠싱은 원주민 연구를 위해 뉴멕시코주 주니Zuni족 부족의 일원으로 살면서 사제 자리에까지 선출되었으며, 그들의 공동체에서 그들의 복장을 하고 그들 방식대로 아예 같이 눌러살았던 독특한 학자였다. 주니족 공동체에서 같이 생활하면서 철도 건설자들의 토지 강탈을 막기도 하고, 그들에게서 고유 풍습인 스틱 주사위와 보드게임을 배우고 연구하여 최초의 원주민 게임 기록을 남겼다.

나이까지 비슷했던 쿠싱과 컬린은 민속학이라는 공통 관심사로 삽시간에 서로의 연구를 비교하며 친구로, 동료로 급속하게 친해졌다. 두 사람은 주니족 스틱 주사위stick dice와 보드게임에 표시된 미묘하고 복잡하며 전문적인 수학적 확률의 법칙과 게임 이론에 깊은 인상을 받았다.

그렇게 아메리카 원주민과 중국 게임에 대한 학구열이 절정이던 1893년 봄, 컬린은 운명적으로 극동의 작은 나라 조선의 놀이를 직접 접하게 되었다. 공동 작업자인 쿠싱의 주니Zuni족 원주민 게임문화와 조선 게임문화의 법칙, 도구, 내용이 너무나 흡사하여 큰 영감을 얻었다.

두 사람은 계속 함께 일하기를 원했지만, 원시적인 환경에서 수년간 생활하면서 건강이 악화한 쿠싱은 그때부터 앓다가 1900년 43세의 나이로 눈부신 업적을 남기고 사망하고 말았다.

This work is intended not only as a survey of the games of Korea, but as a practical introduction to the study of the games of the world.
(이 작업은 단순히 조선의 게임을 조사하는 것에 그치지 않고, 세계의 게임을 연구하는 실질적인 입문서로 활용하고자 한다.)

1895년 컬린의 첫 번째 저서 『조선의 놀이Korean games』 서문에서 밝힌 이 내용은 연구의 목적을 단호하고 강하게 밝히고 있다. 그것도 "The author never having visited the East.(작가는 동양을 방문한 적이 없다.)"라며 컬린은 사실 조선을 한 번도 방문해 보지 않은 상태로 조선의 놀이를 접했다고 말한다.

오로지 1893년 시카고 만국박람회에 전시되었던 놀이 도구와 5개월간 들은 이야기, 게임 실연, 그리고 당시 조선 정부의 외교관을 통해 얻은 정보만으로 조선의 게임이 97종 수록된 책을 집필했다. 잘 알지도 못하는 극동의 작은 나라 조선을 주인공으로 하고, 중국과 일본을 들러리로 세워 비교한 그 학문적 자신감은 어디에서 나온 것일까.

그는 아메리카 원주민 게임에 대한 쿠싱과의 공동연구를 통해 이미 많은 가능성을 도출해 낸 세계적인 게임 전문가였다. 그리고 먼저 세상을 떠난 쿠싱의 몫까지 다하기 위해 열정적으로 게임에 관한 물건, 의례용 부적, 유아용 장난감과 같은 물품을 수집하여 세계의 문화, 지역, 용도, 주제별로 배치하고 전시하는 박물관 텍스트를 만들어 많은 호응을 얻었다.

– 프랭크 쿠싱과 스튜어트 컬린

3부 칠성 신앙 | 227

그는 이 일을 하면서 고대부터 이어져 오는 종교와 게임의 유사성에 주목했다. 놀랍게도 북아메리카 대륙의 원주민과 조선인의 종교, 게임 문화는 쌍둥이같이 닮아 있었다. 그는 아메리카 원주민과 아시아인의 게임을 연구하여 놀이의 초기 역사를 재구성하기 시작했다.

I was led to the conclusion that behind both ceremonies and games there existed some widespread myth from which both derived their impulse.

(나는 의식과 게임의 이면에는 둘 다 그들의 충동을 끌어내는 어떤 널리 퍼진 신화가 존재한다는 결론에 도달했다.)

　-『북아메리카 인디언 게임Games of the North American Indian, 1907』 중에서

윷놀이와 stick dice game의 유사성

스튜어트 컬린은 한 치의 망설임 없이 그가 출간한 『조선의 놀이Korean games, 1895』와 『북아메리카 인디언 게임Games of the North American Indian, 1907』을 게임 연구의 중요한 표준 자료로 삼았다. 그리고 연구 방향을 동양뿐만 아니라 하와이 원주민, 북아메리카 원주민, 남아메리카 원주민, 유럽 및 아프리카 등으로 확장하였다.

그는 게임의 원래 목적과 신화를 추적하고, 닥치는 대로 게임과 게임 규칙, 게임 도구를 수집하고 분류하여 박물관으로 끌어들였다. 그리하여 놀이 문화를 단순한 수집 표본이 아닌, 고대와 현대의 의식과 사고체계를 잇는 중요한 컬렉션으로 이끌었다.

그는 특히 동양과 아메리카 원주민 게임 사이의 밀접한 관계를 추적하고 포괄적인 연구를 계속하였다. 쿠싱과 컬린은 북아메리카 원주민의 막대 주사위stick dice와 게임 보드game board 형식에 주목했다. 이런 형식은 아메리카 전역의 원주민 사이에 의식 일부나 놀이 일부로, 수많은 변이로 확산해 있었다.

그들은 자연의 상징과 우주와의 조화로 신에게 도움을 빌며 막대 주사위와 보드게임을 했다. 이 게임을 통해 비를 빌고, 재앙을 물리치고, 병마를 쳐내고, 수명을 빌고, 다산을 빌고, 사냥의 성공을 빌었다.

주니족이나 나바호족은 한민족같이 Tsidil이라 부르는 4개의 막대 주사위를 사용했다. 그것은 각각의 볼록한 표면에 다른 문양이 새겨져 있었다. 각 주사위는 전통적으로 네 가지 기본 방향 중 하나를 나타냈고, 득점을 얻는 수단이었다. 스틱은 부족마다 그 재료가 다양하여 나무 막대 대신에 몽골의 사가야같이 동물 뼈를 쓰기도 하고, 체로키족은 미루나무로 만든 화살 모양의 스틱을 던져 사냥을 점치기도 하였다.

스튜어트 컬린이 1893년 처음 접한 조선의 nyout윷은 혼란스럽고 풀리지 않던 아메리카 원주민의 stick dice game의 의문을 풀기에 충분했다.

> 호걸이라 호걸이라
> 제왕문에 스승하니 요순우탕 호걸이라
> 도덕문을 스승하니 공맹안중 호걸이라
> 변사중에 출유하니 소진장이 호걸이요
> 어어중에 출유하니 행아자공 호걸이요
> 조수중에 출유하니 봉황기린 호걸이요
> 자장기마 사승선은 말잘타기 호걸이요

승비마의 경상은 공서적의 호걸이요

　－ 안동 『저포송撫蒲頌』 「걸송傑頌」 중에서

　심지어 카이오와Kiowa 원주민이 Zohn ahl이라 부르는 보드게임은 조선의 윷놀이와 운용방식까지 흡사했다. 버드나무로 만든 스틱 ahl은 한 뼘 길이로 한쪽은 편평하고 다른 쪽은 둥글며 윷같이 네 짝이었다. 젖혀진 것이 하나면 한 밭, 둘이면 두 밭, 셋이면 세 밭을 가고, 네 짝 모두 젖혀졌을 때 한 번 더 던지는 것까지 똑같았다.

　그래서 컬린은 조선의 윷놀이를 보고 그 유사성에 너무 놀라서 스스럼없이 북아메리카 원주민의 표현대로 윷가락을 막대 주사위stick dice 또는 던지기 막대throw sticks라고 불렀고, 그리고 윷판을 game board라고 불렀다.

　　The Korean game Nyout may be regarded as the antetype of a large number of games which exist throughout the world. In addition, the game of 'Nyout' may be regarded as the ancestor, or a type of the ancestral form, of the various games played with dice upon boards.

　　(조선의 윷놀이는 전 세계에 존재하는 수많은 게임의 원형으로 평가할 수 있다. 덧붙여 말하자면, 윷놀이는 판 위에서 주사위를 갖고 하는 모든 놀이의 조상 또는 원형으로 생각될 수 있다.)

　　－ 스튜어트 컬린Stewart Culin, 1858~1929

Medicine Wheel 치유의 바퀴

◈

　컬린이 조선의 윷놀이를 접하며 또 하나 놀란 점은, 종이에 대충 그려진 윷판이라 불리는 게임 보드의 선명한 동심원 모양과 십자 형식의 문양이었다. 가운데 방 중심에서 사방으로 십자가 형태로 그려진 원 모양의 윷판이라는 게임 보드는 북아메리카 원주민들의 막대 주사위 게임 보드와 거의 흡사했다. 컬린은 조선의 윷놀이와 북아메리카 원주민의 막대 주사위, 보드게임의 미묘한 연관성에 더욱 매료되었다.

　흥미롭게도 미국 전역의 130여 원주민 문화에 쓰이는 게임 보드는 단순한 게임 차원을 떠나 고유한 장식이나 문양, 그리고 의식의 한 장르로 뿌리가 깊게 자리 잡고 있었다. 그들의 게임 보드는 고대 조선의 윷판 성혈이 제의적으로 어떻게 사용되었는지, 그 기원을 보여주는 확실한 증거였다.

　아메리카 원주민의 윷판은 그 크기나 쓰임새가 매우 다양했다. 축구장 반만 한 크기의, 돌로 만든 지상화도 있고, 손에 들 수 있는 크기에 나무와 깃털로 만든 신성한 장식도 있고, 부적과 비슷한 그림 모양에도 윷판 모양이 쓰였다.

그들은 수천 년 동안 윷판을 신성한 땅이나 숲, 능선에 석조물로 둥근 형태로 만들어 '창조주를 상징하는 가운뎃점caim'을 두고 신성시했다. 이곳은 원주민들의 의식 및 영적 기능을 수행하는 제단, 또는 신접할 수 있는 매우 신성한 성지로 무려 5,500년 전에 제작한 것도 있었다.

19세기 말에 그것을 발견한 고고학자들은 원주민이 치유와 건강의 상징으로 사용하고 있는 모습을 보고, 편의상 Medicine Wheel치유의 바퀴이라는 이름을 붙여 주로 사용하였다. 이후에 치유 목적 외에 점성학 기능, 천문대 기능, 부적 기능, 영적인 기능 등을 발견하고 Sacred Hoop신성한 고리라고도 많이 불렀다.

지상에 그려진 치유의 바퀴 크기는 축구장 반만 한 크기부터 반 팔 지름까지 여러 형태가 있으며, 큰 바위나 돌을 쌓아 인공적으로 구조물을 조성하였다. 그 의미와 용도가 부족마다 다르지만, 확실한 것은 의례 목적이라는 점이다.

하나같이 중심 돌을 맨 가운데에 두고 큰 테두리에 돌로 동심원을 그리고 그 안에 28개의 바큇살 모양으로 중앙에서 만나거나, 아니면 윷판같이 동서남북의 네 방향을 표시하기 위해 큰 돌로 십자로같이 구분하였다.

네 기본 방향의 색상과 기호, 의미는 부족마다 다를 수 있지만 끝없는 자연과 삶의 순환을 상징하는 것은 분명했다. 색상으로는

– 북미 원주민의 medicine wheel(출처: 위키미디어)

검은색·빨간색·노란색·흰색, 계절로는 봄·여름·가을·겨울이고, 인생으로는 생로병사, 자연으로는 불·물·흙·공기, 동물로는 독수리·곰·늑대·버펄로 등을 의미했다.

아메리카 원주민들은 치유의 바퀴를 아무나 접근할 수 없는 매우 신성한 장소로 여겼으며, 그 안에서 춤을 추고 네 방향에 대한 기도를 올려 영적 존재와 교감하며 평화와 치유를 빌었다.

> In the old days when we were a strong and happy people, all our power came to us from the sacred hoop of the nation, and so long as the hoop was unbroken, the people flourished. The flowering tree was the living center of the hoop, and the circle of the four quarters nourished it.
>
> (옛날에 우리가 강하고 행복한 민족이었을 때, 우리의 모든 힘은 국가의 신성한 고리에서 나왔고, 그 굴레가 끊어지지 않는 한 백성은 번성했습니다. 꽃나무는 둥근 테의 살아있는 중심이었고, 사방의 원은 그것을 키웠습니다.)
>
> - Black Elk 검은 엘크 추장

四海一家 사해일가

    컬린은 아메리카 원주민 문화뿐만 아니라 사라진 일본 귀족들의 주사위 놀이 야사스카리무사시八道行成, 중국의 주역周易 64괘卦, 인도의 파치시Pachisi, 서양의 체스 등이 모두 조선의 윷놀이를 모태로 발전한 놀이라고 주장했다.

    파치시Pachisi는 고대 인도에서부터 시작하여 지금까지 유행하는 십자가형 보드게임으로 왕족부터 하층민들까지 즐기던 놀이였다. 조개 주사위로 놀면 파치시라고 했고, 막대 주사위로 놀면 쪼서르라고 했다. 우리 윷놀이같이 윷말도 있어 여러 부분이 유사하다.

    특히 컬린은 파치시 놀이의 방식이나 125칸의 십자형 게임 보드에 주목했다. 그리고 그는 그 도형의 형상 등으로 보아, 파치시를 조선의 윷판이 발전된 확장형으로 보았다.

    1582년에 건설된 무굴제국 시대의 궁전 파테푸르 시크리Fatehpur Sikri의 뜰에는 황제 전용으로 축구장 넓이 2/3 크기의 거대한 십자형 파치시 놀이판이 있다. 주로 왕권 강화를 하기 위해 신점을 치는 의례용이나 황제의 게임용으로 쓰였는데, 200여 명의 왕족과 귀족이 16경기를 마칠 때까지 집에 갈 수 없었다고 한다. 게임 보드의 바닥에는 흰색, 흑색 타일이 깔려 있고, 말 역할로 화려한 색상의 의상을 입은 시녀 16명이 주사위 끗수에 맞추어 걸어서 움직였다고 한다.

19세기에 파치시가 영국에 전해졌고, 19세기 후반에 미국에도 유행하여 발명가 토마스 에디슨Thomas A. Edison도 이 게임을 무척 즐겼다고 한다. 지금은 세계적인 보드게임으로 알려져 있다.

> 늙으신가 늙으신가 탁문군이 늙으신가
> 배두옹이 무삼일꼬 고당명경 아니어든
> 비백발은 무삼일고 황염경연 유색신은
> 누른 것을 물드리고 백유잔설 매화로는
> 흰백자가 머물렀다
> ― 안동 『저포송樗蒲頌』 「유송由頌」 중에서

쿠싱과 컬린의 노력으로 20세기 후반에 접어들며 이러한 연구는 그동안 꾸준히 확장되었다. 민속학, 인류학이라는 학문 이외에도 각종 매체의 등장으로 이 작업에 관한 관심과 참여도가 커져 첨단 장비를 동원하여 과학적 접근을 하는 많은 탐구가 이루어졌다.

컬린이 주장한 "나는 현재와 먼 과거를 연결할 증거를 찾기 위

– 인도 파치시(출처: 위키미디어)

– 아즈텍 파톨리(출처: 위키미디어)

해 동아시아 한국으로 눈길을 돌렸다."라는 말같이, 윤곽이 뚜렷한 증거들이 남아메리카 원주민 문화나 유적에서 상당수 발견되었다. 지금도 멕시코에서 인기 있는 원주민 전통 놀이 꾸일리치kuillich나 아즈텍의 주사위 이름에서 딴 파톨리patolli란 놀이는 게임 방식이나 도구가 우리 윷놀이와 유사하다. 꾸일리치 게임 보드는 우주의 운행을 나타내는 원주민의 철학이 담겨 있다는 것까지 우리 칠성 신앙과 유사했다.

멕시코의 숨겨진 마야 시대 고대 도시 팔렝케Palenque 유적지와 치첸이트사Chichen Itza 유적지에서도 윷판과 매우 유사한 게임 보드가 발견되었다. 이는 고대에 우주를 형상화한 그림으로 놀았던 동아시아 문명이 북아메리카를 거쳐 중앙아메리카와 남아메리카로 연결되는 중요한 단서를 제공하고 있다.

컬린이 『조선의 놀이Korean games, 1895』의 부제목으로 사용한 '四海一家(세계는 한 집안이다.)' 라는 말이 예사롭지 않은 까닭이다.

I believe that similarity in gaming demonstrated similarity and contact among cultures across the world.

(나는 게임의 유사성이 전 세계의 문화들 사이에서 유사성과 접촉을 보여준다고 믿는다.)

한국인의 고유신앙
: 영등·수목·칠성

초판 발행 ┃ 2023년 12월 12일
2쇄 발행 ┃ 2025년 1월 15일

지은이 ┃ 김준호
그린이 ┃ 손심심
펴낸이 ┃ 신중현
펴낸곳 ┃ 도서출판학이사

출판등록 : 제25100-2005-28호
주소 : 대구광역시 달서구 문화회관11안길 22-1(장동)
전화 : (053) 554~3431, 3432
팩스 : (053) 554~3433
홈페이지 : http:// www.학이사.kr
전자우편 : hes3431@naver.com

ISBN _ 979-11-5854-475-1 03380

* 이 책은 대구출판산업지원센터의 '2023년 대구지역 우수출판콘텐츠
  제작 지원 사업'에 선정되어 발행되었습니다.